99 Tipps für die Grundschule

Günther Hoegg

Den Schulalltag meistern

Meine Tante wollte immer, dass ich etwas Besonderes werde. Ich glaube, ich habe ihre Erwartungen erfüllt. Ich bin Lehrer.

Der Herausgeber und der Autor

Dr. Klaus Metzger Schulamtsdirektor, war zunächst Fachlicher Leiter des Staatlichen Schulamtes Aichach-Friedberg in Schwaben/Bayern. Seit 2014 ist er Landrat im schwäbischen Landkreis Aichach-Friedberg.

Dr. Günther Hoegg ist nicht nur Jurist und Experte in Schulrechtsfragen. Daneben verfügt er als Lehrer über langjährige Praxiserfahrung, berät Referendare und Lehrer, ist als Gastdozent an verschiedenen Hochschulen sowie der Cornelsen Akademie tätig und Autor zahlreicher Publikationen.

99 Tipps.
für die Grundschule

Günther Hoegg

Den Schulalltag meistern

Herausgegeben von Klaus Metzger

Cornelsen

Projektleitung: Franziska Wittwer, Berlin
Redaktion: Daniela Brunner, Düsseldorf
Illustration: Mone Schliephack, Niedernhausen-Oberjosbach
Umschlagkonzept: Magdalene Krumbeck, Wuppertal
Umschlaggestaltung: LemmeDESIGN, Berlin
Layout/technische Umsetzung: Julia Walch, Bad Soden
Die Reihenkonzeption wurde von Cornelia Colditz und Claudia Kahlenberg im Rahmen eines studentischen Wettbewerbs im Studiengang Verlagsherstellung an der HTWK Leipzig (www.verlagsherstellung.de) unter Leitung von Julia Walch, Bad Soden, entwickelt.

www.cornelsen.de

1. Auflage 2014

Druck: CPI – Clausen & Bosse, Leck

ISBN 978-3-589-16380-9

Inhalt gedruckt auf säurefreiem Papier aus nachhaltiger Forstwirtschaft.

Inhaltsverzeichnis

Das 1x1 des Lehrers

Eine neue Klasse übernehmen

Den Unterricht reibungslos gestalten

Unterricht organisieren, Leistung kontrollieren

Disziplinprobleme im Unterricht lösen

Zusammenarbeit mit Eltern und Kollegen

Auf die Gesundheit achten

Vorwort

Sie sollten dieses Buch nicht herumliegen lassen. Jemand anderes könnte sich nämlich dafür interessieren, aber zu geizig sein, dafür Geld auszugeben. Falls Sie Referendar oder Student sind, drohen noch unangenehmere Konsequenzen: Wenn ein theorieverliebter Fachleiter oder Pädagogikprofessor dieses Buch sieht, haben Sie einen schweren Stand, denn dieses Buch befasst sich mit dem realen Schulalltag. Es geht um die Schule von heute, die Schwierigkeiten der Lehrkräfte und um praktikable Lösungsvorschläge.
Nichts gegen die lorbeerumkränzten Häupter der Hochschulen, aber es muss einmal gesagt werden, was sie können und was nicht: Sie können forschen, Wissen zusammentragen und behaupten, die pädagogische Schwerkraft sei aufgehoben. Aber eines können die meisten nicht, weil ihnen etwas fehlt, das jeder Referendar besitzt: die Lehrbefähigung für die Schule. Nur eine Handvoll von Hochschullehrern hat früher einmal selbst unterrichtet und durfte das, was Sie jeden Tag dürfen: in der Schule unterrichten.

Neben den oben genannten Edlen aus Lehre und Forschung gibt es die „schlichten Gemüter“, Lehrer wie Sie und ich. Und für die ist dieses Buch. Aber genug gelästert. Sie wollen wissen, was sich in diesem Buch verbirgt. Es wird Ihnen kaum gefallen, wenn Sie

- Fußnotenfetischist sind und seitenlange Literaturverzeichnisse lieben,
- die Schule nach Feng-Shui ausrichten wollen,
- glauben, eine konfliktfreie Schule sei möglich.

Wenn irgendetwas davon auf Sie zutrifft, dann ist dieses Buch leider nichts für Sie. Stellen Sie es einfach unauffällig wieder ins Regal zurück.
Tja, das war's dann für Sie. Ich verabschiede mich von Ihnen und wünsche noch einen angenehmen Tag.

Ihr Günther Hoegg

Falls Sie das Buch immer noch in der Hand halten, sollen Sie erfahren, was Sie für Ihr Geld bekommen: Konkrete Tipps für den täglichen Überlebenskampf in der Schule. Sie meinen, das sei zu hart formuliert? Vielleicht, wenn Sie in ländlichen Gebieten mit gesitteten Verhältnissen unterrichten, nicht aber wenn Sie in Großstädten oder in Schulen mit ungünstigem Einzugsgebiet Ihrer Arbeit nachgehen. Mit theorielastigen Büchern ist den arg geplagten Lehrern hier wenig geholfen.

Einige von Ihnen kennen mich vielleicht als Schulrechtsexperten. Aber das ist nur die halbe Wahrheit, denn ich bin tatsächlich auch ausgebildeter Lehrer und als solcher seit über 25 Jahren in der Schule tätig. Deshalb weiß ich, wie sehr der Schuldienst an den Kräften der Lehrer zehrt. Ich kenne Kollegen, die bewusst jede Stunde fünf Minuten später zum Unterricht gehen, weil es für sie fünf Minuten weniger Stress, aber fünf Minuten mehr dringend benötigte Erholung bedeutet.
Viele Lehrkräfte, die ihre Wochenenden verwenden, um Klassenarbeiten zu korrigieren, anstatt zu regenerieren, sind fix und fertig. Aber wenn die Unzufriedenheit so groß ist, dass man sich trotz knapper Zeit ein Buch kauft, das man sogar liest, dann gibt es Licht am Ende des Tunnels. Und wenn man mit dem Rücken zur Wand steht, gibt es nur eine Richtung, in die man gehen kann: vorwärts.
Die vorliegenden 99 Tipps können dabei helfen. Sie geben praxiserprobte Lösungsvorschläge für die häufigsten und belastendsten Probleme des Schulalltags. Die schönste Erfolgsmeldung gab in diesem Zusammenhang eine Kollegin, die vorab lesen durfte. Sie schrieb: „Nach diesen Tipps bin ich völlig anders in die Klasse gegangen, und zwar aufrecht." So soll es sein.

Sie können die 99 Tipps von vorn nach hinten durchlesen, oder Sie suchen sich gezielt einen Tipp zu dem Problem heraus, das Sie schon lange belastet. Beides ist möglich. Sehen Sie das Buch einfach wie einen Werkzeugkasten mit

99 Werkzeugen. Die Schüler, Schulformen und Situationen sind so unterschiedlich, dass nicht ein Werkzeug für alle passt. Manchmal braucht man zum Lösen einer Schraube einen großen, stabilen Schraubenzieher, manchmal aber auch einen ganz feinen. Das können nur Sie entscheiden. Schließlich ist es Ihr Werkzeugkasten. Suchen Sie sich also für Ihre Bedürfnisse das heraus, was Sie brauchen.

Was Lehrer mit und ohne Werkzeug machen, ist nicht viel weniger als ein Wunder, denn die Schüler lernen nicht durch Bücher und Beamer, sondern durch Lehrer. Ich weiß nicht, ob Kultusministerium, Schulleiter oder Eltern Ihnen kürzlich für Ihren Einsatz als Lehrer gedankt haben. Sie hätten es verdient. Sie haben einen der schwierigsten, aber auch wichtigsten Berufe gewählt. Deshalb sollten Sie eines immer im Hinterkopf behalten: Wir sind keine Hilfsarbeiter, sondern Führungskräfte. Mutig stürzen wir uns jeden Tag ins Geschehen und stehen Schülern gegenüber. Jeden Tag halten wir etwa fünf bis sechs unterschiedliche Einheiten vor einem äußerst kritischen Publikum. Das muss uns erst einmal jemand nachmachen!

Nach der Lektüre werden Sie die Schule und ihre oft anstrengenden Schüler vielleicht mit anderen Augen sehen. Und Sie werden Hoffnung schöpfen, denn schon wenn Sie einige der hier präsentierten Tipps beherzigen, kann das eine Menge bewirken und helfen, Störungen zu vermeiden: Denken Sie einmal an die lächerlich dünnen, aber störenden Haare in der Dusche, die den Abfluss manchmal so verstopfen, dass eine Überschwemmung droht. Entfernt man sie aber, fließt das Wasser wieder ab. So ähnlich ist es in der Schule: Die Überschwemmung lässt sich verhindern, die Belastung kann reduziert werden. Fangen wir an!

PS: Aus Gründen der besseren Lesbarkeit wird in diesem Buch durchgehend die männliche grammatische Form verwendet. Natürlich sind damit auch immer Frauen und Mädchen gemeint, also Lehrerinnen, Schülerinnen usw.

10 Top-Tipps ... Die Lieblingstipps des Autors!

1 Sorgfältig Buch führen

4 Selbstbewusst auftreten

7 Stimme als wichtigstes Werkzeug

27 Abläufe standardisieren

35 Kein Dazwischenrufen zulassen

37 Schüler warten lassen

47 Wiederholen, wiederholen!

68 Störungen im Ansatz unterbinden

69 Gelbe und Rote Karte einsetzen

79 Provozierende Fragen ignorieren

Sorgfältig Buch führen 1

Heute sollen die Hausaufgaben abgegeben werden. Kaum betritt der Lehrer den Klassenraum, kommen schon Schüler und drücken ihm das Heft in die Hand. Während er einsammelt, erfährt er, dass etliche Schüler ihre Hausaufgabe nicht dabeihaben. Einige versichern, sie hätten sie gemacht, aber das Heft zu Hause vergessen. Sie würden es Ihnen morgen geben. Nach der Stunde: Auf dem Weg zum Lehrerzimmer möchte ein Schüler noch schnell sein Heft zurückhaben, weil er in der Hausaufgabe etwas vergessen hat. Ein anderer Schüler reicht dem Lehrer sein Heft nach, das er doch noch überraschend in seiner Büchertasche gefunden hat. Auch in den nächsten Tagen landet noch das eine oder andere Arbeitsheft im Fach des Lehrers. Zum Wochenende nimmt er die Hefte mit nach Hause, um sie durchzusehen. Als er den Stapel auf seinen Schreibtisch legt, wird ihm klar, dass er eigentlich gar nicht mehr genau weiß, wer wann sein Heft abgegeben hat.

Nicht den Überblick verlieren

Damit Ihnen das nicht passiert: *Führen Sie sorgfältig Buch!* Es scheint nur eine lächerliche Formalie zu sein, aber die Erfahrung erfolgreicher Lehrer zeigt: Viele Probleme lassen sich vermeiden, wenn man sorgfältig Buch führt.

Verlässliche Aufzeichnungen

In der Regel haben Sie als Lehrer etwa 100 Schüler. Nehmen wir einmal an, dass nur zehn Prozent davon nicht die vorgegebenen Anforderungen erfüllen, dann haben Sie pro Tag etwa 10 Schüler, deren Versäumnisse Sie sich merken müssen. Das kann niemand im Kopf behalten, vor allem nicht über viele Wochen, wenn das Heft für die nächste Arbeit unauffindbar ist. Natürlich werden Mitschüler beteuern, der betreffende Schüler habe Ihnen das Heft gegeben, auch wenn Sie meinen, keins bekommen zu haben. Verfügen Sie in so einem Fall nicht über verlässliche Aufzeichnungen, werden Sie vermutlich zugunsten des Schülers entscheiden. Wenn sich das herumspricht, lernen Schüler blitzschnell, wie man sich bei Ihnen durchmogeln kann.

Spart Zeit und Nerven

Natürlich braucht eine sorgfältige Buchführung Zeit, die man als Lehrer nicht zu haben glaubt. Oft fühlt man sich so ausgelaugt, dass man sich über jede freie Minute freut. Sicher, es kostet einige Minuten, bis Sie die Hefte (alphabetisch, Tipp 33) eingesammelt und sich die fehlenden notiert haben. Diese Zeit sparen Sie aber später wieder ein, denn schon das Führen und Präsentieren einer solchen Liste zeigt Wirkung. Die Schüler wissen, weil sie es schwarz auf weiß sehen, dass sie es mit einer Lehrkraft zu tun haben, die das Geschehen kontrolliert. So wird allmählich die Zahl derjenigen abnehmen, die ihre Arbeitshefte vergessen oder die Hausaufgaben nicht gemacht haben.

› Tipp 33

Achtung!

Führen Sie sorgfältig und regelmäßig Buch! Der große Nachteil sporadischer Buchführung liegt nicht in dem einen verschwundenen Heft, sondern darin, dass die Schüler daran erkennen, dass Sie über einen Bereich die Kontrolle verloren haben. Die Kinder (Tipp 3), werden Sie testen wollen, ob es auch noch andere Bereiche gibt, in denen sie von fehlender Kontrolle profitieren können.

› Tipp 3

Gleich mal ausprobieren

Für eine verlässliche Buchführung benötigen Sie für jede Klasse eine Tabelle, in der Sie für jede Stunde mehr als ein Feld für Eintragungen haben. Warum? Ein Schüler könnte in einer Stunde seine Berichtigung nicht gemacht, das Lehrbuch vergessen und den Unterricht gestört haben. Also brauchen Sie eine Liste mit viel, viel Platz.

2 Schülern Sicherheit geben

Berechenbarkeit

Mit fast jedem Lehrer können sich Schüler arrangieren, vorausgesetzt er ist berechenbar. Am schlimmsten sind Lehrer, die erst etwas angekündigt haben, dann aber doch etwas ganz anderes machen. Für ihren Meinungsumschwung haben sie natürlich immer eine plausible Erklärung. Aber spätestens nach dem dritten Mal wird das Ganze von den Schülern durchschaut: Dieser Lehrer hat keinen klaren Plan. Er arbeitet nach dem Motto: Der Zufall als pädagogische Methode.

Führung gibt Sicherheit

Ähnlich inkonsequent gestaltet sich meistens auch die pädagogische Haltung gegenüber dem Verhalten der Schüler. Anfangs sind diese planlosen Lehrer großzügig, später hagelt es Maßnahmen für Dinge, die anfangs noch erlaubt waren. Was diese Lehrkräfte nicht begriffen haben, ist Folgendes: Führung gibt Sicherheit (Tipp 25).

› Tipp 25

Das Wichtigste, vor allem für junge Schüler, sind Konstanz und Verlässlichkeit. Damit erst wird die Sicherheit geschaffen, die nötig ist, um entspannt zu lernen. Schüler mögen keine abrupten Richtungswechsel, die von ihnen eine ständige Neuorientierung verlangen. Schüler mögen gut organisierten und klar geführten Unterricht, weil diese Führung sie entlastet (Tipp 20, 45, 59).

› Tipp 20, 45, 59

Sicherheit bedeutet auch, sich auf das verlassen zu können, was der Lehrer sagt. Das jedoch ist nicht immer der Fall. Was meinen Sie, wie viele Lehrer auf eine Forderung der Schüler zuerst mit Nein reagieren, schließlich aber doch nachgeben? Die Schüler kennen solch inkonsequentes Verhalten von zu Hause. Am Anfang sagen die Eltern nein, doch am Ende des bohrenden „Gesprächs" ist daraus in der Regel ein Ja geworden.

Das Schlimme daran ist das davon ausgehende Signal. Wer als Lehrer sein Nein in ein Ja ändert, weil die Schüler nicht lockerlassen, vermittelt ihnen eine erfreuliche, aber fatale Botschaft: „Prima, ich habe es doch gewusst! In der Schule ist es wie zu Hause. Ein Nein von Erwachsenen ist gar kein richtiges Nein. Es ist ein Bluff. Man muss nur lange genug quengeln, dann wird daraus ein Zugeständnis." Diese weit verbreitete Annahme sollten Sie nicht unterstützen. Schließlich sind Lehrer keine pädagogischen Laien, sondern Profis, die sich über die negativen Nebenwirkungen des Nachgebens im Klaren sein sollten.

Nachgeben heißt kapitulieren

Manche jungen Lehrkräfte glauben, Nachgeben sei ein Beleg für einfühlsames pädagogisches Handeln. Das Gegenteil ist der Fall. Nachgeben ist die Kapitulation der ernsthaften professionellen Pädagogik. Deshalb ist eines ganz wichtig: Wenn Sie nein sagen, dann sollte es auch nein bedeuten. Schließlich sind Sie keine pädagogische Wanderdüne, sondern eine Lehrkraft, auf deren Wort man sich verlassen kann.

SOS-Tipp

Falls Sie noch nicht wissen, wie Sie sich entscheiden wollen, lassen Sie sich nicht zu einer Entscheidung drängen. Sagen Sie: „Ich überlege es mir." Dagegen kann niemand etwas haben, aber Sie haben Zeit gewonnen, in Ruhe abzuwägen. Natürlich werden die Schüler versuchen, hier und jetzt eine (positive) Entscheidung von Ihnen zu bekommen. In solchen Situationen sollten Sie als Profi den längeren Atem haben. Wiederholen Sie einfach Ihr „Ich überlege es mir" so lange, bis der Letzte es begriffen und akzeptiert hat (Tipp 12, 38).

› Tipp 12, 38

3 Schüler altersgerecht sehen

Aussagen einiger Lehrer der Jahrgangsstufen 1–4:
„Ich lasse meine Schüler selbst entscheiden,
- ob sie ihren Text überarbeiten,
- wie sie ihre Rechtschreibübung berichtigen,
- wann sie welche Arbeiten erledigen."

Schüler nicht überfordern

Wenn Sie vom Fach sind, wissen Sie, dass die zitierten Lehrer mit ihren Äußerungen nicht allein sind. Es gibt etliche Kollegen, die mit dem Argument der Selbstständigkeit den Schülern freistellen,ob sie ihren Text überarbeiten, wann sie die Rechtschreibübung berichtigen oder wann sie welche Arbeiten erledigen. Das bedeutet doch, Schüler sollen überblicken, ob die Überarbeitung es langfristig wert ist, dafür einen Teil der eigenen Freizeit zu opfern. Diese Annahme

ist nicht nur unrealistisch, sondern stellt vor allem eine Überforderung der jüngeren Schüler dar.
Die Vorstellung, Kinder seien bereits kleine Erwachsene, ist mittelalterlich. Damals hackte man Kindern und Jugendlichen, die gestohlen hatten, die Hand ab. Denn genauso wurden auch Erwachsene bestraft. Heute pflegt man im Recht glücklicherweise eine andere Sicht der Dinge.
Was soll nun dieser kleine historische Exkurs zeigen? Kinder sind keine Erwachsenen! Daher ist es lebensfremd, in der Schule Anforderungen an sie zu stellen, die nicht einmal von Erwachsenen erfüllt werden. Oder glaubt jemand ernsthaft, erwachsene Studenten würden aus Einsicht eine Berichtigung ihrer Klausuren anfertigen, obwohl es niemand verlangt? Wohl kaum. Aber kindliche lustorientierte Schüler sollen so reif und einsichtig sein?
Dieser Irrglaube führt dazu, dass den Schülern nicht die Hilfe gewährt wird, die sie nicht nur dringend brauchen, sondern die sie – trotz häufig gegenteiliger Bekundungen – auch wollen.

4 Selbstbewusst auftreten

Lehrer sind eine bedrohte Spezies. Zwar gibt es momentan noch genügend von ihnen, aber man behandelt sie nicht sehr gut. Von vielen Seiten werden sie beschimpft oder gering geachtet. Das drückt schwer auf die Psyche. Kein Wunder, denn ein Beruf, in dem man keine oder kaum Anerkennung erfährt, wird zur täglichen Qual. Man freut sich, wenn man die Schule endlich hinter sich lassen kann.
Wer das Gefühl hat, als Lehrer nicht geachtet zu werden, sollte sein Selbstbewusstsein in Schwung bringen. Auf das Kultusministerium und viele Schulleiter kann man oft nicht zählen. Auch Eltern, die den Einsatz der Lehrer schätzen, kann man an einer Hand abzählen (Tipp 90). Wie soll es also gehen? Ganz einfach: Man muss sich erst um sich selbst kümmern, bevor man sich um andere kümmern kann.

› Tipp 90

Lohnarbeiter oder Führungskraft

Dabei ist entscheidend, wie man die eigene Tätigkeit begreift. Ist man als Lehrer schlichter Lohnarbeiter oder pädagogische Führungskraft? Ein Arbeiter interessiert sich für zwei Dinge: seine Arbeitszeit und seinen Lohn. Eine Führungskraft interessiert sich für Verbesserungen. Natürlich will sie auch gutes Geld verdienen, aber sie feilscht nicht, wenn sie Verbesserungen erzielen kann, die zusätzliche Zeit erfordern. Ein Arbeiter wird bezahlt, um einen Job zu erledigen. Eine Führungskraft wird gebraucht, um nachzudenken, zu planen, Entscheidungen zu treffen und Probleme zu lösen. Ein Lohnarbeiter freut sich, wenn eine Stunde ausfällt, für die er trotzdem bezahlt wird. Eine Führungskraft ärgert sich, weil ihr eine Stunde fehlt, um wichtige Dinge voranzubringen.

Ob jemand Arbeiter oder Führungskraft ist, hängt nicht von Titel oder Bezahlung ab. Es gibt gut bezahlte Schulleiter, die nicht führen, sondern von den Ereignissen getrieben werden, genauso wie es „einfache" Lehrer, Hausmeister oder Sekretärinnen gibt, die unbestrittene Führungskräfte sind (Tipp 92). Die Frage ist also, wie Sie sich selbst sehen und auftreten, als Arbeiter oder als Führungskraft?

› Tipp 92

Organisation und Kreativität

Was charakterisiert eigentlich die Tätigkeit von Lehrkräften? Sie benötigen analytische und organisatorische Fähigkeiten, dazu Menschenkenntnis für die ständige Führung von etwa 180 Menschen. Sie müssen einfallsreich und kreativ sein (Tipp 21, 51, 52), selbstständig in engen Zeitfenstern arbeiten und schnell entscheiden können. Das aber sind typische Tätigkeitsmerkmale von *Führungskräften*. Und als solche entscheiden Sie als Lehrer mit, ob es in der Schule weiter so laufen soll wie bisher oder nicht.

› Tipp 21, 51, 52

Es liegt an Ihnen!

Der beste Grund, mit gestärktem Selbstbewusstsein in die Schule zu gehen, sind die Schüler. Vermutlich waren sie der Grund, warum Sie Lehrer geworden sind (Tipp 14). Und Sie haben recht. Es liegt nämlich nicht an der Ausstattung mit technischen Hilfsmitteln, nicht einmal an den Schulbüchern oder Unterrichtsmaterialien. Es liegt an Ihnen, ob die Schüler etwas lernen und wichtige Regeln vermittelt bekommen: Ein sehr guter Grund, um selbstbewusst zu sein.

› Tipp 14

Um die Ecke gedacht

Der Hauptzweck der Schule ist das Lernen. Und bei dieser wichtigen Tätigkeit stellen Sie den Dirigenten dar, die Schüler das Orchester. Da Sie eine pädagogische Führungskraft sind, stehen Sie mit den Schülern nicht auf einer Stufe. Sie tragen große Verantwortung, deshalb verdienen Sie auch Privilegien: Falls die Schlange in der Pause sehr lang ist, dürfen Sie auch nach vorn gehen und sich etwas zu essen holen. Schließlich sind Sie Lehrer und Ihre Zeit ist kostbar. Sie müssen in der Pause vermutlich noch ins Sekretariat, den nächsten Unterricht vorbereiten und noch ein dienstliches Telefonat führen.

5 Eigenes Revier abstecken

Dienstagmorgen. Kunst. Die Zeichenblöcke liegen auf dem Lehrertisch, wo sie von den Schülern abgeholt werden, mit einer Ausnahme: Ein Schüler bleibt sitzen und ruft dem Lehrer zu: „Können Sie mir mal meinen Zeichenblock rüberreichen?“ Die Reaktion des Lehrers: Er unterbricht seine Tätigkeit, nimmt den Zeichenblock, geht einige Meter und reicht dem Schüler wie gewünscht den Block. Dieser bedankt sich nett und ist zufrieden.

Der Lehrer ist ebenfalls zufrieden mit sich und der Welt, aber nur, weil er nicht begreift, was sich eigentlich gerade abgespielt hat. Allerdings beklagt er sich später bitter über die Klasse, weil die Schüler oft nicht befolgten, was er anordnet. Das ist jedoch nicht verwunderlich. Schließlich hat er es ganz offensichtlich versäumt, sein „Revier“ abzustecken und damit den ihm zustehenden Respekt aktiv einzufordern (Tipp 65).

› Tipp 65

Viele Schüler sind heute so erzogen, für sich selbst möglichst viel zu verlangen. Die Techniken dafür beherrschen sie zumeist perfekt. Auch die Aufforderung des Schülers an die Lehrkraft kam ganz selbstverständlich, ohne das geringste

Zögern, ohne Zittern in der Stimme. Langjährige Übung zahlt sich eben aus.
Sollten Sie also das Gefühl haben, als Lehrer von den Schülern als Dienstbote betrachtet zu werden, sollten Sie einmal überprüfen, ob Sie Ihr Revier als Führungskraft wirklich deutlich genug abgesteckt haben.
Von mangelndem Respekt zeugen Äußerungen, wie z. B.: „Können Sie mal die Tür aufschließen? Ich hab was vergessen." Falls Sie so angesprochen werden, sollten Sie nachhaken: „Und wie heißt das Zauberwort?" Der Schüler wird einen Moment stutzen, weil Sie nicht sofort seinem Wunsch nachkommen, aber dann wird es ihm einfallen, weil er es eigentlich besser weiß: „Bitte." Na also, es geht doch.

Führungskraft, kein Dienstbote

Dabei geht es weniger um das formale „Bitte", es geht darum, anzuerkennen, dass Sie die Führungskraft und kein Dienstbote sind. Sie fordern einen höflichen Ton, wenn man von Ihnen etwas wünscht. Sie helfen durchaus und schließen die Tür auf – sofern man Sie mit dem gebührenden Respekt behandelt.
Zur Abgrenzung Ihres Reviers gehört auch Ihre Pause. Gerade bei Doppelstunden bestürmen manche Schüler einen oft mit Anliegen, die sie auch in der vorigen Stunde hätten klären oder in die Folgestunde verschieben können.
Höflich, aber bestimmt sollten Sie Ihren Schülern klarmachen: Lehrer haben einen extrem anstrengenden Beruf, folglich stehen auch ihnen Erholungspausen zu.

6 Sich professionell kleiden

Der freundliche neue Kollege erscheint morgens häufig unrasiert in der Schule. Er trägt ausgelatschte Turnschuhe, eine nicht mehr taufrische Jeans und ein Sweatshirt, das auch schon bessere Tage gesehen hat. Das Sweatshirt wechselt er etwa einmal die Woche, bei den Jeans ist das nicht so leicht zu sagen. Hier setzt er offensichtlich auf Konstanz.

Der erste Eindruck

Untersuchungen zeigen, dass man sich innerhalb weniger

Sekunden ein Bild von anderen Menschen macht. Dieser erste Eindruck wird jedoch nicht vom Inhalt des Gesagten bestimmt, sondern von Körperhaltung, Stimme – und Kleidung. Selbst wenn er auf Vorurteilen basiert, ist der erste Eindruck später kaum noch zu korrigieren. *Es gibt keine zweite Chance für den ersten Eindruck.* Das weiß jeder, der beruflich mit „Publikum" zu tun hat. Nur in Lehrerkreisen wird diese Erkenntnis noch ignoriert, weil man meint, als Lehrer sei man davon nicht betroffen. Weit gefehlt.

In einer Idealwelt würde jeder sofort für seine wahre Persönlichkeit geschätzt, in der wirklichen Welt läuft es leider anders. Die Schüler beurteilen die Lehrkräfte auch nach der Kleidung – und treten ihnen dementsprechend gegenüber. Das mag nicht fair sein, aber es ist so.

Lehrer gehören gemäß ihrer Ausbildung, ihrer Bezahlung und ihrer Tätigkeit nicht zur Unterschicht, sie sind akademische Führungskräfte. Um dies auch nach außen hin deutlich zu machen, dürfen und sollten Sie sich auch dementsprechend anziehen: Kleiden Sie sich professionell!

Kleidung unterstützt Autorität

Es geht nicht darum, besonders schicke oder modische Kleidung zu tragen. Es geht darum, der eigenen Funktion angemessen gekleidet zu sein, denn professionelle Kleidung unterstützt die Autorität und fördert so Akzeptanz.

Spätestens nachdem Schüler eine Lehrkraft einige Male mit ihrer Kleidung gesehen haben, werden sie diese aufgenommen und ausgewertet haben. Und sie leiten daraus ab, wie der Lehrer sich und seinen Beruf sieht (Tipp 4).

› Tipp 4

Auch der neue Kollege mit seinem Schlabberlook aus dem Beispiel vermittelt – ob er will oder nicht – durch sein Auftreten eine Botschaft: Durch die nachlässige Kleidung macht er deutlich, dass er sich nicht um sich selbst kümmert. Warum sollten die Schüler sich dann um ihn kümmern?

7 Stimme als wichtigstes Werkzeug

Das vermutlich wichtigste „Werkzeug" des Lehrers ist seine Stimme. Im Durchschnitt redet ein Lehrer fünf Stunden am Tag, woran auch z. B.Gruppenarbeit oder Schülerpräsentationen nur wenig ändern. Dieses Sprechen erfolgt oft unter schwierigen Bedingungen: Die akustische Qualität vieler Klassenräume ist mäßig, zudem muss der Lehrer oft gegen einen ständigen Geräuschpegel ansprechen (Tipp 67, 68).

› Tipp 67, 68

Vor diesem Hintergrund ist kaum zu begreifen, dass Stimmbildung und -pflege keinen Schwerpunkt in der Lehrerausbildung darstellen. Nachvollziehbar ist dagegen, dass viele Lehrkräfte, vor allem Frauen, stimmlich oft an die Grenze ihrer Belastung stoßen.

Stimmbildung und -pflege

Für ein vollständiges Stimmtraining reicht ein Tipp natürlich nicht aus. Dafür gibt es spezielle Anbieter. Aber grundsätzlich wichtig ist: Arbeiten Sie an Ihrer Stimme!

Gleich mal ausprobieren

Lautbildung

Wer oft heiser ist, spricht meist weit hinten im Rachen. Die Lautbildung im Rachen erzeugt zwar einen tiefen, sonoren Klang, strapaziert aber die Stimmbänder deutlich stärker als eine Bildung im vorderen Bereich. Natürlich werden manche Laute (z. B. „o" und „u") im Rachen gebildet, aber davon abgesehen, kann man Laute dort bilden, wo man will.

Das Sprechen im vorderen Bereich gibt zudem „Metall in die Stimme": Die Stimme wird durchdringender, man hört sie trotz Nebengeräuschen besser. Das kann man trainieren.

Den Satz „Ich werde versuchen, vorn zu sprechen", kann man vorn oder hinten sprechen. Probieren Sie es einmal aus. Falls es Ihnen schwerfällt, vorn zu sprechen, können Sie es durch mehrfaches Sprechen der Kunstwörter (Betonung der zweiten Silbe) *„attá, appá, akká"* fördern bzw. trainieren.

Aussprache

Wer zu schnell oder undeutlich spricht, sollte es mit einem alten, wirksamen Tipp probieren: dem Korkensprechen. Dazu nimmt man zu Hause einen Korken zwischen die Zähne und spricht laut einen Text. Das macht es schwierig, deutlich zu artikulieren, denn man muss den Mund weit öffnen und die Lippen stark bewegen. Aber genau das ist der Sinn. Schnell wird eine Verbesserung in der Deutlichkeit der Sprechweise hörbar. Die einzelnen Laute und Wörter werden schärfer getrennt, durch die Verlagerung des Stimmeinsatzes wird die Stimme klangintensiver.

Tonfall entscheidend

Das Entscheidende einer wirksamen Stimme ist jedoch der Tonfall, in dem etwas gesagt wird (Tipp 54). Eine Anweisung, die im Ton wie ein Vorschlag oder eine Bitte klingt, wird von den Schülern nur zögernd oder gar nicht befolgt. Werden die gleichen Worte jedoch schärfer gesprochen, erkennen die Schüler den dahinterstehenden Willen und setzen die Anweisung ohne zu zögern um. Aber auch den fordernden Tonfall muss und kann man üben (Tipp 41).

› Tipp 54

› Tipp 41

8 Die Vorbildfunktion

Der Fachlehrer muss mit seiner Klasse in einen anderen Raum wechseln. Dort stehen Tische und Stühle wie für einen Frontalunterricht ausgerichtet. Da der Lehrer eine Gesprächsrunde durchführen möchte, lässt er die Tische an die Wand schieben und die Stühle zu einem Kreis aufstellen. Als die Stunde zu Ende ist, verlässt er mit seiner Klasse wieder den Raum. Tische und Stühle bleiben einfach so stehen.

Lehrer sind immer Vorbild

Was lernen die Schüler aus dieser Stunde? Auf jeden Fall etwas fürs Leben: Man nimmt sich, was man braucht, und wenn man es nicht mehr braucht, lässt man es einfach so stehen oder liegen. Das ist offensichtlich akzeptabel, denn es wird ja nicht heimlich von Kindern praktiziert, sondern öffentlich von einem erwachsenen Experten für Erziehung. Und falls die Lehrkraft ein solches Verhalten auch nur ein zweites Mal an den Tag legt, kann sie mit Nachahmung rechnen. Beim ersten Mal könnte das Verhalten ein Ausrutscher gewesen sein, schon beim zweiten Mal sehen die Schüler darin ein System. Denken Sie also daran: Als Lehrer ist man immer Vorbild – so oder so.

Um die Ecke gedacht

Vermutlich ist vielen Lehrkräften gar nicht klar, wie groß ihr Vorbildcharakter ist, vor allem wenn es um Bequemlichkeit geht. Zwar spielen die Eltern bis zum Schuleintritt eine zentrale Rolle, danach aber verschiebt sich die Gewichtung. Der Einfluss der Schule auf das Bild vom Erwachsenen steigt deutlich an. In etlichen Fällen verbringen die Schüler am Tag mehr Zeit mit ihren Lehrern als mit ihren berufstätigen Eltern, die sie oftmals nur kurz zum Abendessen sehen.

› Tipp 86

Zwar würden Schüler Ihnen nie gestehen, dass auch Sie zu ihren Vorbildern zählen, dennoch sind Lehrer wichtige Erwachsene, die Kindern demonstrieren, wie man sich als reifer Mensch verhalten sollte (Tipp 86).

9 Vorsicht bei Versprechen!

„Nächste Woche bekommt ihr die Deutscharbeit zurück." Häufig werden diese Versprechen nicht eingehalten und die Schüler hören eine fadenscheinige Begründung. Die Wahrheit: Meistens hatte der Lehrer einfach viel zu tun.

› Tipp 8

Da der Lehrer eine Vorbildfunktion (Tipp 8) besitzt, sollte er keine Versprechungen machen, die er nicht halten kann. Das kennen viele Schüler zur Genüge von zu Hause.

Vorbildfunktion

Die spannende Frage ist, warum Lehrer solche Versprechen abgeben, obwohl sie ahnen, dass sie diese nicht einhalten können: Aber die Klasse drängelt, bis der pädagogische Widerstand zusammenbricht und der Lehrer das gewünschte Versprechen abgibt. Oft aus einem schlechten Gewissen heraus oder um die Klasse ruhigzustellen. Das sollte nicht sein, aber es ist verständlich. Irgendetwas hat nicht geklappt, also verspricht man quasi als Kompensation etwas anderes, was den Schülern entgegenkommt.

Keine „Kompensationsgeschäfte"!

Diese „Kompensationsgeschäfte" sind für den Lehrer jedoch häufig mit Nachteilen verbunden, da er im Gegenzug meist etwas Wertvolleres verspricht, das für ihn oft mit zusätzlichem zeitlichen Aufwand verbunden ist. Zudem wissen die Schüler: Großzügige Zugeständnisse sind nicht selten eine Folge pädagogischer Unsicherheit – und diesen Schluss sollte man tunlichst vermeiden. Also: Nichts versprechen, was Sie nicht halten können!

Um die Ecke gedacht

Gerade weil fast immer etwas dazwischen kommt, sollten Sie Ihre Zusagen Schülern gegenüber relativieren. Eine Zusage ohne Einschränkungen wird von den Kindern als Versprechen aufgefasst, an das sie glauben. Sie haben in ihrem jungen Leben erst selten die Erfahrung gemacht, dass viele Versprechen nur Absichtserklärungen sind, die nicht umgesetzt werden. Daher ist die Glaubwürdigkeit von Personen für sie ganz eng mit der Tatsache verbunden, ob diese ihre Versprechen halten.

Keine Hoffnungen wecken

Am besten Sie leiten Ihre Zusagen immer mit Formulierungen ein, wie: „Ich kann es nicht versprechen, aber ich versuche, die Arbeit bis morgen zu korrigieren." Nach einer solchen Einschränkung werden die meisten Schüler nicht davon ausgehen, dass sie die Arbeit morgen zurückbekommen werden. Umso überraschter werden sie sein, falls die Lehrkraft es trotzdem schafft.

Leider gibt es in der Schule für gehaltene Versprechen keinen Orden. Aber die Schüler werden es trotzdem honorieren, das überraschende Ereignis weitererzählen und so Ihren Ruhm mehren.

10 Das erste und letzte Wort

Manchmal sind es die kleinen Dinge im Leben, die über die Einschätzung eines Menschen entscheiden. Was würden Sie von einem Schulleiter halten, der eine Schulfeier weder eröffnet noch schließt? Stattdessen lässt er den Organisator die Veranstaltung beginnen, hält selbst im Mittelteil nur eine kleine Ansprache und zum Schluss singt der Chor, eingeleitet von Worten des Musiklehrers. Einem solchen Schulleiter fehlt ganz offensichtlich das Gespür für die kleinen Gesten, die einen Führungsanspruch untermauern oder aushöhlen.

Führungsanspruch demonstrieren

Noch gravierendere Auswirkungen hat solch ein Verhalten von Lehrern, die mit jüngeren Schülern arbeiten. Wer im Umgang mit ihnen das erste und letzte „offizielle" Wort hat, demonstriert seinen Anspruch, schulische Veranstaltungen, also auch Schulstunden, zu eröffnen und zu schließen.

Gleich mal ausprobieren

Je nach Alter der Schüler und sonstigem Verhalten der Klasse haben sich drei Reaktionen als erfolgreich herausgestellt, um als Lehrer die Stunde zu eröffnen:

1. „Erst ich, dann ihr!" Dies ist die härteste, aber auch klarste Variante. Zugleich erklärt sie den Schülern, warum man nicht auf ihre Gesprächseröffnung eingeht.

2. „Erst die Begrüßung, dann eure Fragen." Das ist die abgemilderte Variante. Allerdings formuliert sie den Führungsanspruch der Lehrkraft nicht so deutlich.

3. Man kann die Fragen auch ignorieren, was einige Lehrer vorziehen, obwohl das gar nicht einfach ist (Tipp 79). Damit besteht jedoch die Gefahr, dass die Schüler denken, der Lehrer habe ihre Frage überhört, was sie dazu ermuntern könnte, ihre Frage einfach lauter zu wiederholen.

› Tipp 79

Das letzte Wort

Mindestens genauso wichtig wie das erste ist das letzte Wort der Stunde. Aus Streitgesprächen mit Ihrem Lebenspartner oder Freunden wissen Sie vermutlich, welchen Stellenwert das letzte Wort hat. „Immer musst du das letzte Wort haben!" Dieser Vorwurf bezieht sich weniger auf die schlichte

Reihenfolge, sondern auf den damit verbundenen Führungsanspruch. Wer das Gespräch schließt, demonstriert damit seine Autorität.

Um eine Unterrichtseinheit zu schließen, braucht man einen klar gesetzten Schluss. Diesen definiert nicht das Klingeln, falls es das an Ihrer Schule noch gibt (Tipp 42), sondern der Lehrer, und zwar ganz in Ruhe. Ungünstig ist es deshalb, wenn das Klingeln in das Vormittagsende hineinplatzt und daraufhin alle schon ihre Sachen zusammenpacken. In einer solchen Situation als Lehrer das letzte Wort zu haben, ist mehr als schwierig und manch ein Kollege verlässt dann einfach so den Raum. Das ist kein klar definierter Schluss der Stunde!

› Tipp 42

Die Lösung bieten Standardformulierungen. Mit einem Blick auf die Uhr beenden Sie Ihren letzten Satz und fragen bzw. sagen mit entsprechend großer Pause: „Ich wünsche euch einen schönen Nachmittag." (Tipp 77)

Standardformulierungen

› Tipp 77

Achtung!

Sobald Sie Ihren Part in der Klasse geschlossen haben, sollten Sie nicht mehr auf Fragen oder Anmerkungen eingehen. Die Schüler sollen lernen, Ihrem Unterricht konzentriert zu folgen und etwaige Fragen in der Stunde zu stellen, und die ist leider irgendwann vorbei. Fragen, die hinterher auftauchen, müssen dann eben in der nächsten Stunde gestellt werden (Tipp 38). Oft lautet die typische Reaktion: „Nö, so wichtig ist es auch nicht." Na bitte.

› Tipp 38

11 Langsam und sorgfältig arbeiten

Vergleicht man die Führungsposition eines Lehrers mit der eines Dirigenten, dann sollte auch der Lehrer das *Tempo* bestimmen. Vom Tempo hängt mehr ab als die Frage, wie lange man braucht, um bestimmte Themen zu behandeln, denn es beeinflusst auch das Lernklima in einer Klasse.

Gerade bei Lehrern mit wenig Erfahrung geben häufig die Schüler indirekt das Tempo vor, indem sie behaupten, mit einer Aufgabe „fertig" zu sein. Schaut man sich die Arbeiten dann genauer an, stellt man nicht selten fest, dass sie, gelinde gesagt, wenig sorgfältig angefertigt wurden.

Schnell „fertig"

Das Ziel vieler Schüler besteht nicht darin, den Arbeitsauftrag möglichst gut zu erfüllen, sondern mit einem Minimum an Aufwand möglichst schnell „fertig" zu werden. Sobald ein Grundschüler mit einer Aufgabe fertig ist, darf er nämlich oft sogenannte „Freiarbeit" betreiben. Das hört sich ernsthafter an, als es ist, denn dahinter verbergen sich vor allem Spiele. Nun wird der Mechanismus klar: Wenn man schnell arbeitet, dann gibt es eine „Belohnung".

Eine andere Möglichkeit, von Schülerseite etwas abzukürzen oder gar zu vermeiden, lautet: „Das ist langweilig!". Dies ist die Allzweckwaffe, mit der man Lehrkräfte in die Defensive treiben kann. Gerne wird dieser fürchterliche Vorwurf erhoben, wenn Schüler längere Texte lesen oder schreiben sollen, vor allem aber, wenn eine Sache noch einmal besprochen oder geübt werden soll.

Ziel: sorgfältige Arbeit

Um ein gutes Lernklima zu schaffen, muss in vielen Fällen das Tempo durch den Lehrer gedrosselt werden, denn er bestimmt nicht nur den Inhalt und die Methode, sondern auch das Tempo. Also: Nicht schneller Spaß ist das Ziel, sondern sorgfältige Arbeit.

Wer sich von „Schnellarbeitern" das Tempo diktieren lässt, wird ständig nach neuen zu bearbeitenden Aufgaben suchen müssen. Bald löst ein Arbeitsblatt das nächste ab. Als Folge davon wird es in der Klasse immer hektischer werden. Es entstehen allmählich intellektuelle Fließbandarbeiter, denen der gehetzte Lehrer immer neue Teile aufs Band legen muss. Ein Teufelskreis.

› Tipp 47

Die Lösung liegt darin, langsam und sorgfältig zu arbeiten und eine Sache so lange zu üben, bis sie wirklich „sitzt" (Tipp 47). Das ist nicht ganz einfach, weil man den Schülern, die glauben, „fertig" zu sein, klarmachen muss, dass man mit ihnen eine optimale Bearbeitung anstrebt.

Das funktioniert meist ganz gut, wenn man den Schülern

signalisiert, ihren Minimalismus durchschaut zu haben, aber daran zu glauben, dass sie mehr können: „Ich weiß, dass ihr euch bei den Hausaufgaben kein Bein ausreißt. Nun aber noch mal ran, das kriegt ihr doch noch besser hin." Man darf nur nicht lockerlassen.

Diskussionszeitpunkt bestimmen 12

Falls Schüler „erzählen" wollen, sollte man als Lehrer hellhörig werden. Vielleicht ist es ein Vorurteil, aber häufig handelt es sich dabei um einen Vorwand, um unangenehme Aufgaben zu vermeiden oder zumindest hinauszuzögern. Dabei handeln Schüler aus ihrer Sicht überaus rational: Ein lockeres Gespräch über Gott und die Welt ist allemal weniger anstrengend und damit erheblich angenehmer als die konzentrierte, mühsame Arbeit am Einmaleins oder dem Rechtschreibtext (Tipp 38).

› Tipp 38

Achtung!

Natürlich gibt es wichtige überraschende Ereignisse, von denen Schüler erzählen sollten. Wenn Sie an diesem Tag in der fünften Stunde in eine Klasse kommen, sollten Sie sich jedoch erkundigen, bei wie vielen Lehrern die Schüler schon über dieses Ereignis diskutiert haben. Ob eine fünfte Diskussion über dasselbe Thema noch einen Erkenntniszuwachs bringt, darf bezweifelt werden.

Nicht sofort diskutieren!

In jedem Fall wird die Klasse registrieren, wie die Lehrkraft auf den Wunsch reagiert: Erleichtert, weil der reguläre Unterricht wegfällt, oder unangenehm überrascht, weil wertvolle Unterrichtszeit verloren gehen könnte?
So gut kann man seine Mimik gar nicht unter Kontrolle haben, dass die Schüler nicht eine Rückmeldung auf ihren Vorschlag erhalten. Um ungewollte Folgen zu vermeiden, empfiehlt sich darum: Nicht sofort jeden Wunsch erfüllen!

Selbst wenn Sie ein Gespräch für sinnvoll halten, sollten Sie den Schülern deutlich machen, dass

- wertvolle Unterrichtszeit verloren geht, die später natürlich wieder aufgeholt werden muss.
- die Diskussion zeitlich begrenzt wird, d. h. erst wichtiger Unterrichtsstoff, dann kurze Diskussion.

Gerade beim letzten Punkt werden Sie mit erheblichen Widerständen zu kämpfen haben. Fast immer werden die Schüler fordern, gleich mit dem Gespräch zu beginnen und erst danach noch etwas Unterricht zu machen.
Da Sie auch einmal Schüler waren, kennen Sie den Grund: Man muss das Gespräch nur immer weiter ausdehnen, bis für den eigentlichen Unterricht kaum noch Zeit übrig bleibt. Wenn Sie jedoch die letzten 15 Minuten Ihres Unterrichts für das gewünschte Gespräch zur Verfügung stellen, beendet es die Klingel zur ersehnten Pause definitiv (Tipp 10, 42).

› Tipp 10, 42

Um die Ecke gedacht

Durch die Verlagerung von Gesprächen ans Ende der Stunde erreichen Sie zwei Dinge: Zum einen machen Sie klar, dass Sie bestimmen, wann etwas passiert, zum anderen lernen die Schüler, sich zu gedulden. Verständlicherweise wollen Schüler immer das Angenehme zuerst, während Sie für das Prinzip stehen sollten: Erst die Arbeit, dann das Vergnügen.

13 Das Leben ist oft ungerecht

Ein Lehrer lässt in der zusammengelegten dritten Klasse eine Klassenarbeit über einen kurzen Text schreiben.
Bei der Durchsicht der Arbeiten stellt er fest, dass eine eher schwache Schülergruppe das Thema erstaunlich gut behandelt hat. Als er die Arbeit zurückgibt und besagte Gruppe sich über die guten Noten freut, rufen andere Schüler: „Die

kannten den Text ja auch!“ Nachfragen ergeben, dass die Schüler alle aus einer zweiten Klasse kamen und den Text da schon bearbeitet hatten.

Ungerechte Behandlung?

Diese Erklärung kann die anderen Schüler jedoch nicht beruhigen. Sie fühlen sich ungerecht behandelt und fordern eine Verbesserung ihrer Noten, anderenfalls sollen die bevorzugten Schüler noch einmal eine Arbeit schreiben, und zwar auch über einen ihnen unbekannten Text.

Wie reagiert man in so einem Fall? Die Schüler sind nicht verantwortbar zu machen für das, was durchgenommen wird. So ist unbestritten, dass die Kinder, die den Text schon kannten, im Vorteil waren. Das Leben ist eben nicht immer gerecht. Damit muss man sich halt unter Umständen abfinden. Es gibt keinen Grund, die Noten der anderen Schüler anzuheben. Auch wäre nicht exakt zu bemessen, welche Anhebung dem Vorteil der anderen entsprechen würde. Ebenso wenig wäre es gerechtfertigt, diese eine neue Arbeit schreiben zu lassen, denn was wäre, wenn wieder ein Schüler zufällig die dann vorgelegte Geschichte kennt?

Man muss mit Ungleichheiten leben!

Hier liegt der Kern des Problems: Es gibt immer Ungerechtigkeiten des Lebens, die den einen begünstigen, den anderen aber benachteiligen. Die übenden Schüler haben Glück gehabt, die anderen Pech, und es ist nicht die Aufgabe der Lehrer, diese Ungleichheiten zu beseitigen. Insofern muss der Lehrer sich über eine Problemlösung auch nicht den Kopf zerbrechen: Sie sind nicht für die Ungerechtigkeiten des Lebens verantwortlich!

Freundlich oder Freund sein?

14

„Sagt doch Sven zu mir, schließlich sitzen wir alle im selben Boot.“ Diese Aufforderung eines Referendars an seine Schüler, offenbart ein weit verbreitetes Missverständnis. Gerade junge Lehrer wollen Freunde der Schüler werden und merken leider erst zu spät, dass sie mit diesem Versuch deutlich mehr verlieren, als sie gewinnen.

Schüler haben bereits ihren Freundeskreis, zu dem man als Lehrer normalerweise nicht gehört. Das ist auch gut so, denn das Verhältnis zu einem gleichaltrigen Freund ist grundsätzlich anders als zu einem Lehrer.

Zwischen Lehrer und Schülern gibt es eine Trennungslinie, die man besser nicht auflösen oder überschreiten sollte.

› Tipp 3

Man ist der Erwachsene (Tipp 3), trifft die Leitentscheidungen, gibt die Noten und trägt die Verantwortung.

Die Idee, Schüler über Freundschaft zum Lernen zu bewegen, ist recht naiv und funktioniert allenfalls für sehr kurze Zeit. Danach werden vom Lehrer, d. h. vom Freund, Zugeständnisse erwartet, die dieser in aller Regel nicht machen kann. Deshalb: Seien Sie freundlich, aber kein Freund!

Gute Laune ohne Zugeständnisse

Ein Geheimnis erfolgreicher Lehrer, diese Gratwanderung zu meistern, besteht darin, gute Laune zu verbreiten, ohne dabei Zugeständnisse zu machen. Wie das geht? Über Spiegelzellen. Vielleicht kennen Sie diesen Begriff, für jene, die damit wenig anzufangen wissen, sei er kurz erläutert: Man hat herausgefunden, dass es in jedem Menschen gewisse Zellen gibt, die das Verhalten des Gegenübers „spiegeln". Wenn einen jemand angähnt, muss man auch gähnen. Tritt einem jemand mit schlechter Laune gegenüber, so sinkt auch die eigene. Aber es wirkt auch umgekehrt. Wird man angelacht, dann lacht man zurück. Diese Reaktion erfolgt fast unbewusst und ist kaum zu verhindern.

Sie unterrichten kein Fach

Was mit einzelnen Personen möglich ist, klappt sogar mit einer ganzen Klasse. Der Kniff liegt darin, den Blickwinkel zu ändern. Was unterrichten Sie? Deutsch? Englisch? Mathe? Wenn Sie jetzt im Geiste „Sport" denken, wird es schwierig. Sie unterrichten nämlich nicht Sport, sondern Schüler, also Menschen, die etwas lernen sollen. Nicht das Fach ist hoffentlich der Grund für Ihre Berufswahl gewesen, sondern die Menschen, denen Sie etwas beibringen wollen.

Gleich mal ausprobieren

Gehen Sie einmal deutlich lächelnd in eine Klasse und sagen Sie, dass Sie sich freuen, dort zu unterrichten. Sie dürfen gerne ein wenig übertreiben, indem Sie Ihre Entzugserschei-

nungen schildern, weil Sie die Problemschüler so lange nicht mehr gesehen haben. Die Schüler werden das schon richtig einordnen, aber sie werden lachen. Und für eine Lehrkraft, die sie zum Lachen bringt, machen Schüler einiges (Tipp 17).

› Tipp 17

Achtung!

Allerdings sollten Sie wegen der guten Stimmung nicht Ihre Anforderungen senken. Denn das eine hat mit dem anderen nichts zu tun. Sie reagieren freundlich, aber bestimmt auf die Versuche der Schüler, aus der guten Laune irgendwelche Arbeitserleichterungen abzuleiten. Sie bleiben locker und entspannt, scherzen mit den Schülern, aber von Ihrem anspruchsvollen Vorhaben lassen Sie sich nicht abbringen (Tipp 25, 76).

› Tipp 25, 76

IMMER DABEIHABEN: …

15

Eigentlich sollten die Schüler alles dabeihaben, was sie für den Unterricht benötigen. Aber Sie wissen ja, wie das ist: Die Schulwirklichkeit ist anders.
Man kann aus dem vergessenen Schreibzeug natürlich eine prinzipielle Diskussion machen, aber einfacher ist es, einen billigen Bleistift aus der Tasche zu ziehen, ihn dem betreffenden Schüler zu reichen und unverzüglich mit der Arbeit zu beginnen.

Verzögerungen vermeiden

Natürlich soll das Vergessen der Arbeitsmaterialien vom Lehrer nicht ignoriert werden, zumal wenn es sich häuft (Tipp 1). Aber es ist wenig hilfreich, während des Unterrichts daraus ein Drama zu machen. Gerade in schwierigen Klassen riskiert man dadurch Verzögerungen: Ein Schüler behauptet einfach, er habe kein Schreibwerkzeug dabei, und alle anderen lehnen es entrüstet ab, ihm etwas zu leihen. Anstatt dies auszudiskutieren, ist es effektiver, dem Betreffenden einen Bleistift (als Leihgabe) zu reichen, den man für solche Notfälle dabeihat.

› Tipp 1

Achtung!

Machen Sie den Schülern aber unmissverständlich deutlich, dass Sie nicht der Verleiher für Schreibmaterialien sind. Notieren Sie die Leihgabe und im Wiederholungsfall erfolgt eine entsprechende Maßnahme (Tipp 69).

› Tipp 69

Vorrat für Notfälle

Nun zu den wichtigsten Materialien, die man griffbereit dabei haben sollte:

- ein paar billige Stifte
- etwas Schreibpapier
- Taschenmesser oder Schere
- einige Sicherheitsnadeln
- Magnete für die Tafel
- Papiertaschentücher
- Briefumschläge (Tipp 32)
- Pflaster
- Kreide
- Tesafilm
- Hustenbonbons

› Tipp 32

16 Als Letzter rein und raus

Wer betritt zuerst den Klassenraum, Sie oder die Schüler? Man könnte meinen, diese Frage sei nebensächlich. Aber wer das glaubt, dem ist vermutlich auch egal, ob der Kapitän eines sinkenden Schiffes als Letzter das Schiff verlässt.

Keine Angst, ich will die Schule nicht mit einem sinkenden Schiff vergleichen, sondern nur auf die Symbolik hinweisen, die mit dem Betreten / Verlassen eines Raumes zusammenhängt.

Das sinkende Schiff

Wenn Sie vorangehen und als Erster den Klassenraum betreten, dann haben Sie den Blick nach vorn gerichtet, z. B. auf den Lehrertisch. Die Schüler sind jetzt hinter Ihnen, sodass Sie nicht sehen und kontrollieren können, wie sie in den Raum kommen. Die Tür ist ein Punkt, an dem es zu

Behinderungen, Drängeln und Schubsen kommen kann. Falls das passiert, machen Sie es sich und den Schülern unnötig schwer, den Unterricht ruhig zu beginnen.

Raum betreten

Bleiben Sie hingegen an der Tür stehen und lassen die Schüler an Ihnen vorbei, können Sie kontrollierend eingreifen, denn die Art und Weise, wie der Unterricht eingeleitet wird, hat erheblichen Einfluss auf die folgende Unterrichtsstunde (Tipp 30, 31): Drängelnde Schüler schicken Sie zurück und lassen sie als Letzte in den Raum gehen. Somit sehen und merken die Schüler, dass Sie bereits *vor* Beginn des eigentlichen Unterrichts die Kontrolle über das Geschehen haben.

› Tipp 30, 31

Verlassen des Raumes kontrollieren

Der Tag ist zu Ende, nun geht es um das Verlassen des Raumes: Bei großen Pausen, wenn die Schüler auf den Schulhof müssen, erlebt man ab und zu, wie ein Lehrer einfach aus dem Raum stürmt (Tipp 42). Er hat seinen Job erledigt, seine Stunde abgeleistet, also ist der Fall für ihn erledigt. Aber wie ist die Wirkung auf die Schüler?

› Tipp 42

Um die Ecke gedacht

Natürlich ist man als Lehrer froh über jede Pause. Noch mehr freut man sich, wenn einmal die volle Pause zur Verfügung steht, um sich zu entspannen. Auch brauchen manche Schüler ewig, um ihre Sachen zusammenzusuchen und in die Pause zu entschwinden. Aber das ist nur die eine Seite. Die andere macht den Unterschied zwischen Job und Beruf aus. Stürmt der Lehrer nach dem Klingeln aus dem Raum, vermittelt er seinen Schülern die Botschaft: „Nichts wie weg hier!" Wenn aber jemand, der die Schule als Arbeitsort frei gewählt hat, sich schon so verhält, was soll man dann von den Schülern erwarten?

Aufsichtspflicht

Wenn Sie Ihre Tätigkeit hingegen als Berufung sehen, dann ist klar, wie man sich als Lehrer zu verhalten hat: Man bleibt im Raum, bis der letzte Schüler seine Sachen gepackt und den Raum verlassen hat. Damit erfüllt man als Lehrer seine Aufsichtspflicht und gibt den Schülern das Gefühl, sich um sie zu kümmern (Tipp 43).

› Tipp 43

17 Sich der Klasse vorstellen

Es ist schwer zu glauben, aber es gibt Lehrer, die sich bei der Übernahme einer neuen Klasse gar nicht oder nur sehr knapp vorstellen. Eine ausführliche Vorstellung halten sie für übertrieben. Oft meinen junge Lehrer auch, dass es eigentlich nichts über sie zu sagen gibt.

Die ersten Worte prägen

Seien Sie nicht so bescheiden! Selbst wenn Sie den Schuldienst erst begonnen haben, gibt es eine Menge, was Sie über sich berichten können. Denn denken Sie daran: Die ersten Worte, die Ihre Schüler von Ihnen hören, sind besonders wichtig und prägen das Bild von Ihnen. Es ist *prime time* (Tipp 18, 20), also die beste Zeit, um Ihre entscheidende Botschaft zu senden.

› Tipp 18, 20

Nachdem der Name deutlich an die Tafel geschrieben wurde, könnte eine Selbstvorstellung so aussehen: „Willkommen zum neuen Schuljahr: Mein Name, hier an der Tafel, ist Hoegg. Also H, O, E, G, G und ausgesprochen wird er Högg. Ich möchte von euch als Herr Hoegg angesprochen werden. Danke.

Selbstvorstellung

Ich freue mich darauf, für das nächste Jahr euer Lehrer zu sein. Nach meinem Studium bin ich zwei Jahre lang Referendar gewesen und habe mich praktisch auf den Lehrerberuf vorbereitet. Diese Prüfung habe ich bestanden, sonst wäre ich nicht hier. Ich bin gerne Lehrer, denn mir macht es Spaß zu unterrichten. Ihr seid also in guten Händen. Allerdings müsst ihr bei mir eine Menge arbeiten, um viel zu lernen, denn dafür seid ihr schließlich hier. Also, noch einmal: Herzlich willkommen und nun geht's los!"

Natürlich kann man das alles ganz anders, und zwar viel besser machen. Hier geht es nur darum, zu zeigen, dass selbst ein frischgebackener Junglehrer seiner Klasse mehr sagen kann als seinen Namen.

Die erste Stunde, insbesondere die Selbstvorstellung und die Begrüßung sind so wichtig, dass man diese genau planen sollte. Überlegen Sie sich vorher, welches Bild Sie von sich vermitteln wollen (Tipp 4). Gehen Sie vorbereitet in die Klasse.

› Tipp 4

Gleich mal ausprobieren

Dass es sich anbietet, die Schüler lächelnd zu begrüßen (Tipp 14), ist kein Geheimnis. Falls Sie die positive Reaktion der Schüler aber noch verstärken wollen, empfiehlt sich Folgendes: Gehen Sie doch einmal nach der allgemeinen Begrüßung der Klasse herum und geben Sie drei oder vier Schülern die Hand und begrüßen Sie sie persönlich. Sie werden feststellen, dass die Schüler, nach anfänglichem Erstaunen, sich riesig freuen, von Ihnen per Handschlag begrüßt zu werden. Und so picken Sie sich jedes Mal drei bis vier heraus.

› Tipp 14

Um die Ecke gedacht

Es scheint notwendig, auch den Aspekt des Arbeitens gleich am ersten Tag mit aufzunehmen. Viel zu lange wurde in der Schule der Spaß betont. Achten Sie einmal bei der nächsten Begrüßung der Schüler durch die Schulleitung darauf, wenn Eltern und Schülern viel Spaß versprochen wird, für den die Lehrer sorgen sollen. Das kommt gut an und kostet nichts. Schließlich stehen die Schulleiter nur noch selten vor der Klasse, das übernehmen die anderen, also Sie. Von daher sollten Sie möglichst bald dem verhängnisvollen Bild der Schule als staatliche Spaßanstalt entgegenwirken (Tipp 91).

› Tipp 91

Die ersten Stunden entscheiden

Es gibt keine feste Regel, aber viele Lehrer bestätigen Folgendes: Etwa die ersten drei Tage in einer Klasse stellen die Weiche. Danach wird es allmählich immer leichter – oder immer schwieriger.

18 Das Privatleben bleibt privat

Nicht als Maschine, sondern als Mensch will er sich präsentieren. Also erzählt der neue Lehrer seiner Klasse über sich. Nicht nur über sein Studium, sondern auch über seine Hobbys, seine Gesundheit usw.

Grenze zwischen Schülern und Lehrern

Das interessiert Kinder – und bis zu einem gewissen Maß ist nichts dagegen einzuwenden. Aber: Er hat die unsichtbare Grenze zwischen Lehrern und Schülern niedergerissen und wundert sich nun, dass man ihm vielleicht in der Folge zu nahe kommt (Tipp 14). Also besser: Grundsätzlich nichts Persönliches offenbaren!

› Tipp 14

Achtung!

Man kann es nicht oft genug erwähnen: In der Schule hat man es mit Kindern zu tun, die anders denken (Tipp 3). Dass 10-jährige Mädchen sich schminken oder sich inzwischen wie 18-Jährige kleiden, lässt sie doch nicht um acht Jahre reifen. Und jeder Lehrer mit ein paar psychologischen Kenntnissen sollte wissen, dass hier nur eine Fassade aufgebaut wird.

› Tipp 3

Zu Recht sind Schüler begierig, persönliche Informationen über ihre Lehrkräfte zu erhalten (Tipp 88). So erahnen sie Vorlieben oder Schwächen und erfahren kleine Sensationen, die sie weitererzählen können. Man sollte sich daher darüber im Klaren sein, dass die einmal geäußerten persönlichen Informationen wie in einem Computer gespeichert und sogleich weitergeleitet werden.

› Tipp 88

Persönliche Informationen beliebt

Noch einmal zum Lehrer aus dem Beispiel: Dass er ein Mensch und keine Maschine ist, hätten die Schüler im Laufe der Zeit schon selbst herausbekommen. So aber stellt sich aus Schülersicht die Frage: „Warum erzählt er uns das alles? Hat er keine Freunde? Will er sich anbiedern?“

Respekt aufs Spiel setzen

Natürlich kann man mit Schülern, die man gut kennt und mit denen man längere Zeit zusammen ist, auch einmal über persönliche Dinge sprechen. Aber das Interesse der Schüler am Lehrer sollte allmählich wachsen. Wer gleich zu Beginn persönliche Dinge preisgibt, befriedigt nur die Neugier und verspielt eine Menge Respekt.

Namen sofort lernen

19

„Herr M. kann immer noch nicht unsere Namen, und das nach einem Monat!" Wer mit Schülern spricht, wird häufig diesen Satz zu hören bekommen. Gut, in diesem Fall unterrichtet der Lehrer mit Sport nur zwei Stunden pro Woche in der Klasse. Zudem hat er wie jede Lehrkraft etwa 100 Schüler, deren Namen er sich merken soll, keine ganz leichte Angelegenheit also. Aber selbst wenn die Schüler dies begreifen, wurmt sie die Tatsache, dass der Lehrer noch nicht ihre Namen kennt.

Schwierigkeiten

Die Namen seiner Schüler nicht zu kennen, erschwert einem Lehrer das Leben in vielerlei Hinsicht:

- Die Schüler werden stutzig, wenn man sie immer nur mit „du da" anspricht oder auf sie zeigt.
- Bei der Kontrolle der Anwesenheit weiß man nicht, wohin man schauen soll, um die eigene Unkenntnis zu verbergen (Tipp 30, 31).
- Das Festhalten der mündlichen Beteiligung nach dem Unterricht wird schwierig, wenn man nicht weiß, ob sich Matthias oder Matthäus gut am Unterricht beteiligt hat.

› Tipp 30, 31

Deshalb gibt es nur eine Lösung: Lernen Sie die Namen so schnell wie möglich!

Sehen Sie es einmal so: Irgendwann müssen Sie die Namen doch lernen, und die Anstrengung, es sofort zu tun, ist nicht größer als in einem halben Jahr. Einige Lehrer schaffen es trotzdem nicht und quälen sich wochenlang. Sie meinen, am Anfang nicht die Zeit für solche Dinge zu haben. Aber je länger man wartet, desto größer wird die Hemmung, nach den Namen zu fragen.

Namensschilder

Die früher so beliebten Namensschilder sind heute problematisch. Vor allem in schwierigen Klassen können Schüler mithilfe dieser Schildchen mit wenig Aufwand viel Spaß haben, wie z. B. den Lehrer zu verwirren, in dem sie die Schilder austauschen.

Aber keine Sorge, es gibt einen Trick, mit dem Sie die Namen einer Schülergruppe in 15 bis 20 Minuten lernen. Natürlich

können Sie die Schüler fotografieren, die Porträts auf einer Seite arrangieren und die Namen darunterschreiben lassen. Das ist Standard und nicht schlecht, aber es gibt einen Weg, der die Schüler noch mehr beeindruckt:
Zuerst sollten Sie den Schülern erklären, dass Sie sich etwa 20 Minuten Zeit nehmen, um ihre Namen zu lernen, weil Ihnen das wichtig ist. Nun bitten Sie jeden Schüler darum, Sie anzuschauen und dabei seinen Vornamen zu nennen. Dann wiederholen Sie den Namen mehrmals. Sie fangen z. B. links vorn an und arbeiten sich dann weiter durch die Reihen. Dabei gehen Sie vor wie beim Spiel des „Kofferpackens". Beim zweiten Schüler wiederholen Sie auch den Namen des ersten Schülers, beim siebten Schüler wiederholen Sie die Namen der sechs Schüler davor. So arbeiten Sie weiter, bis Sie alle Namen der Schüler kennen.

SOS-Tipp

Problemschüler in neuen Klassen kann man verblüffen, indem man den Kollegen fragt, der vorher in der Klasse unterrichtet hat, woran man sie äußerlich erkennen kann. Es beeindruckt diese Schüler erfahrungsgemäß, wenn man sich gleich nach dem Betreten der Klasse direkt an sie wenden und fragen kann: „Na, Hendrik, wie geht's? Heute gut drauf?"

Name gibt Individualität

Warum eine so ausführliche Behandlung des Namenlernens? Durch den eigenen Namen wird man zu einem unverwechselbaren Individuum. Man dreht sich um, wenn der eigene Name gerufen wird und es stört einen, wenn er falsch geschrieben oder ausgesprochen wird.

Respekt und Aufmerksamkeit

Das gilt für Schüler in besonderem Maße. Durch das Ansprechen einer Person mit ihrem Namen erweist man ihr Respekt und erzielt Aufmerksamkeit, ein für die Schule äußerst wichtiger Effekt. Wenn Sie einen Schüler mit seinem Namen ansprechen, zeigen Sie ihm damit: „Du bist mir so wichtig, dass ich dich als Person kenne und dich über deinen Namen identifiziere." (Tipp 43)

› Tipp 43

Achtung!

Im Gegenzug sollten Sie von den Schülern jedoch auch fordern, dass Ihr Name korrekt ausgesprochen wird. Lassen Sie keine Spitznamen zu! Auch Ihr Vorname geht die Schüler nichts an und ist tabu.

Mit Checkliste arbeiten 20

Da Sie als Lehrkraft immer wieder erste Stunden etwa in Vertretung oder gar als längerfristige mobile Reserve in einer Lerngruppe abhalten müssen, ist es sinnvoll, sich dafür eine Checkliste anzulegen, die Sie im Laufe der Zeit anpassen bzw. vervollständigen.
Wenn Sie als „alter Hase" eine solche Checkliste nicht mehr brauchen, überschlagen Sie einfach diesen Punkt. Für die jüngeren oder neugierigen Kollegen gibt es aber vielleicht noch die eine oder andere Anregung.
Eine solche Checkliste ist nicht ehrenrührig, im Gegenteil. Sie demonstriert den Schülern, dass Sie ein Konzept haben und planvoll vorgehen.

Checklisten sind professionell

Im Folgenden daher nun das, was viele Lehrer in den ersten Stunden bekanntgeben bzw. regeln würden: Suchen Sie sich das Beste daraus aus!

Vorbemerkungen für die 1. Stunde

- Selbstvorstellung: Name mit Kürzel, Fächer und Funktion
- Wer kommt aus anderer Klasse, anderer Schule?
- Von wem wurde die Klasse vorher in diesem Fach unterrichtet? Welche Themen wurden behandelt?
- Grobplanung des Jahres / Halbjahres vorstellen
- Benötigtes Material: Heft bzw. Mappe, Buch, Lektüre
- Zusammensetzung der Note: schriftlich : mündlich
- Leistungskontrollen: Anzahl der Arbeiten im ersten Halbjahr (Tipp 45, 59)

› Tipp 45, 59

- Schüler machen selbstständig Notizen im Unterricht
- Immer schriftlich festhalten: Datum der Stunde und Tafelanschrieb
- Ständige Hausaufgabe: kurze Stundenwiederholung
- Einsammeln von einzelne Heften / Mappen
- Folgen bei Nichteinhalten von Terminen bedeutet Abzug in der Benotung
- Regelung bei „vergessenen" Hausaufgaben usw. (Tipp 24)
- Pünktlichkeit, Zuspätkommen und was daraus folgt (Tipp 71)
- Entschuldigungen unaufgefordert vorlegen (Bringschuld)
- Terminplanung: Wie viele Stunden stehen zur Verfügung? (Tipp 46)
- Bereits bekannte Unterrichtsausfälle? Klassenfahrt, Wandertage, Schulausflüge?
- Namen lernen (Tipp 19)

› Tipp 24
› Tipp 71
› Tipp 46
› Tipp 19

21 Dynamischen Einstieg finden

Das Schuljahr hat kaum angefangen und schon ist der Lehrer unzufrieden. Obwohl er es besonders gut machen will, arbeitet die Klasse nicht mit. Immer wieder unterhalten sich Schüler oder sind kaum dazu zu bewegen, sich zu beteiligen. Dabei hat ihr Lehrer ein besonders anspruchsvolles Gedicht ausgewählt und es Schritt für Schritt, Zeile für Zeile, Wort für Wort behandelt.

Dynamisch arbeiten

Tja, das Gegenteil von gut ist – gut gemeint. Trotz seiner guten Absicht hat dieser Lehrer einen wichtigen Faktor übersehen. Er ist von sich und seinem Interesse für Lyrik ausgegangen und hat nicht berücksichtigt, dass es sich um die ersten Stunden handelt. Dafür sollte man folgende Regel beherzigen: In den ersten Stunden dynamisch arbeiten!
Die ersten Stunden in einer Klasse sind die Testphase für die

neue Lehrkraft und während dieser Zeit sollte man es sich nicht unnötig schwer machen (Tipp 6, 17, 20). Auch man selbst als Erwachsener entscheidet oft nach den ersten Minuten eines Fernsehfilms, ob man ihn weiter anschauen will oder nicht.

› Tipp 6, 17, 20

Angesichts dieser Tatsache kann man es Schülern nicht wirklich verübeln, wenn sie nach kurzer Zeit schon bald innerlich abschalten. Je länger jedoch dieser Zustand andauert, desto schwieriger wird es, die Schüler aus der Schockstarre zu lösen.

Attraktives als Einstieg

Schon bei dem Thema „Gedicht" als Einstieg werden erfahrene Lehrkräfte vermutlich ihre Bedenken haben. Zu Recht. Da es günstig ist, in den ersten Stunden dynamisch zu arbeiten, drängt sich ein Gedicht nicht gerade auf. Aber angenommen, der Lehrplan schriebe es zwingend vor (Tipp 46), auch dann wäre ein schwungvollerer Einstieg möglich als die intensive Behandlung eines Gedichts.

› Tipp 46

Natürlich ist die gründliche Auseinandersetzung mit schwierigen Inhalten ein wichtiger Bestandteil des Unterrichts, aber nicht zum Neubeginn in einer Klasse. Wer die 100 Meter in Bestzeit laufen will, geht doch auch nicht einfach so auf die Bahn, sondern macht sich vorher warm.

Warum also nicht als Einstieg auf ein lustiges Gedicht, ein Kinderlied oder ein zerschnittenes Gedicht, bei dem man die Zeilen richtig ordnen muss, zurückgreifen (Tipp 51)?

› Tipp 51

SOS-Tipp

Aber selbst wenn man solche Zugeständnisse am Anfang nicht machen will, kann man „Dynamik" erzeugen und fast alle Schüler aktivieren. Man kann z. B. jeden Schüler eine Zeile lesen lassen, kann das Gedicht im Chor sprechen lassen (Tipp 52), kann ein gefühlvolles Gedicht kitschig-ironisch vortragen lassen, bevor man sich an die ernsthafte Bearbeitung macht ...

› Tipp 52

Wem es gelingt, in den ersten Stunden einen schwungvollen Unterricht hinzulegen, dem werden die Schüler auch später bei der Behandlung von mühsamen Inhalten willig folgen.

Wer soll die Regeln aufstellen?

22

Um die Ecke gedacht

Zunächst ein Einschub für jene, die „von außen" gesetzte Regeln als Misshandlung der Kindesseele betrachten: Frei von Fremdbestimmung sollen die Kinder ihre eigenen Regeln finden, ohne dass die Lehrer über die Schüler bestimmen. Eine wunderbare Theorie, in der allerdings die pädagogische Schwerkraft aufgehoben ist.
Dazu nur so viel: Regeln sind keine Strafen. Sie steuern lediglich bestimmte Abläufe, damit möglichst effektiv, d.h. reibungslos, gelernt werden kann. Zudem vermitteln Regeln den Schülern Sicherheit und schaffen so eine entspannte Lernatmosphäre (Tipp 2).

› Tipp 2

„Recht" des Stärkeren

Zwar fordern Schüler ständig möglichst viele Freiheiten und möglichst wenig Anstrengung. Wer dies jedoch für bare Münze nimmt, wird seiner Verantwortung als erwachsener Lehrer nicht gerecht. Ohne Regeln gilt nämlich das „Recht" des Stärkeren und diejenigen, die am lautesten, am faulsten oder am aggressivsten sind, bestimmen, wo es langgeht.
Die Masse der Schüler möchte jedoch in geordneter, sicherer Umgebung lernen. Dafür akzeptieren Schüler Regeln, wie sie sie auch vom Fußball oder anderen Spielen kennen. Denn sie wissen: Ein geordneter Ablauf braucht klare Regeln (Tipp 69).

› Tipp 69

Wer aber soll die Regeln aufstellen? Der Lehrer oder die Schüler? Schüler die Regeln selbst aufstellen zu lassen, hat einen gewissen Vorteil: Es erfolgt eine Selbstbindung der Schüler, man kann sie auf die Regeln „festnageln", da sie diese selbst aufgestellt haben. Aber die Variante hat auch deutliche Nachteile, und es ist besser, jetzt darüber nachzudenken als in der Diskussion mit der Klasse:

Wer stellt die Regeln auf?

- Wahrscheinlich stellen die Schüler jeder Klasse andere Regeln auf.
- Bei knapper Mehrheit könnten ein paar Wochen später einige Schüler ihre Meinung ändern und neu abstimmen wollen. Ist das zulässig, oder ist die Änderung von Regeln

nur zu bestimmten Zeitpunkten (z. B. jedes Halbjahr) möglich (Tipp 38)?

› Tipp 38

- Die Erstellung von Regeln ist begrenzt: Gesetze oder Schulordnungen können nicht abgeändert werden.
- Was ist, wenn die Schüler Regeln aufstellen, die Sie als Lehrkraft nicht billigen? Sie müssten dann etwas durchsetzen, was Sie nicht teilen. Oder umgekehrt: Was, wenn Sie etwas stört (z. B. Zuspätkommen oder Essen im Unterricht), die Schüler dies aber anders sehen und nicht verbieten wollen? Wollen Sie dann doch Ihre Interessen durchsetzen oder zähneknirschend über diese Störungen hinwegsehen?

Dies alles scheint mir dagegen zu sprechen, wichtige Regeln von den Schülern aufstellen zu lassen. Schließlich sind Sie die Führungskraft, Sie müssen mit diesen Regeln leben und sie auch durchsetzen. Das fällt jedoch nur dann leicht, wenn man auch selbst hinter diesen Regeln steht. Deshalb: Wichtige Regeln sollten Sie festlegen!

Lehrer stellt Regeln auf

Achtung!

Auch wenn Sie die Regeln aufstellen, bedeutet das nicht, dass Sie sie den Schülern kommentarlos vor die Nase setzen. Natürlich sollten Sie die Regeln den Schülern gegenüber begründen und mit ihnen darüber sprechen. Aber es wird nicht darüber abgestimmt.

Sicher fallen Ihnen genug Punkte ein, die es verdienen, in die Liste *Ihrer* Regeln aufgenommen zu werden. Im Folgenden dennoch die wohl fünf wichtigsten Regeln für den Unterricht wie sie von erfahrenen Lehrkräften aufgestellt worden sind:

1. Befolge die Anweisung des Lehrers beim ersten Mal!
2. Nicht dazwischenrufen! (Tipp 35)
3. Störendes in der Büchertasche verstauen! (Tipp 32)
4. Finger weg von fremdem Eigentum!
5. Keine vulgäre oder beleidigende Sprache!

› Tipp 35
› Tipp 32

KISS Für jede Liste von Regeln sollten Sie die wichtigste Regel nicht vergessen: **KISS** (keep it short and simple)! Schließlich ist es keine Gebrauchsanweisung.

Regeln einführen Um Ihre Regeln einzuführen, sollten Sie einen zeitlichen Einschnitt nutzen. Das macht das Ganze leichter. Was meinen Sie, warum so viele Menschen zum Jahreswechsel gute Vorsätze fassen? Zudem sind Zeiten nach einem Einschnitt *prime time*, d. h. Zeiten mit der höchsten Aufmerksamkeit. Das sollten Sie zu Ihren Gunsten nutzen.

Regeln erst nach und nach einzuführen, könnte den Eindruck erwecken, der Lehrer habe kein Konzept und entscheide willkürlich von Fall zu Fall. Man selbst wäre bei einem Spiel vermutlich auch nicht zufrieden, wenn einem die Regeln nicht vor Beginn offengelegt, sondern erst nach einem Verstoß erklärt würden (Tipp 63).

› Tipp 63

Gleich mal ausprobieren

Wenn Sie eine Liste erstellen, sollte diese höchstens zehn Regeln und keine Feindefinitionen enthalten. Was eine Störung ist, entscheiden Sie als Lehrer kraft Ihrer Position.

Da Sie nicht die Super Nanny sind, dürfen Sie auch den klaren Imperativ verwenden, Sie können aber auch feststellend formulieren: „Wir halten unsere Tische sauber."

Nach Möglichkeit sollten Verhaltensregeln positiv formuliert werden, damit das erwartete Verhalten betont wird. Anstatt „Nicht die Tische beschmieren!" besser „Haltet die Tische sauber!" Aber man sollte daraus kein Dogma machen, weil manchmal die negative Formulierung („Nicht dazwischenrufen!") knapper und wirkungsvoller ist als die positive („Hebe die Hand und warte, bis du aufgerufen wirst.").

Sie sollten sich stets klarmachen: Lehrer, die Grenzen setzen, sind keine Scheusale, sie geben allen Schülern eine geschützte Umgebung, in der sie ungestört und sicher lernen können (Tipp 2). Wenn Sie sich entschlossen haben, deutliche Grenzen zu setzen, gebührt Ihnen Anerkennung. Sie lassen sich auf etwas Ungewisses ein, ohne zu wissen, ob es klappt. Aber die Chancen stehen nicht schlecht.

› Tipp 2

Versäumter Unterrichtsstoff

23

Immer wieder fehlen Schüler im Unterricht. Der Grund dafür kann eine Krankheit sein. Wie dem auch sei, das Ziel der Schule ist das Lernen. Deshalb sollte den Schülern klargemacht werden: Wer Unterrichtsstoff versäumt, muss diesen nachholen.

Selbstständig nachholen

Häufig hört man bei Klassenarbeiten: „Das kann ich nicht, in der Stunde war ich nicht da!" Das mag ja sein, aber es ist keine Entschuldigung. Es wäre für eine Lehrkraft schlicht unzumutbar, bei Klassenarbeiten zu berücksichtigen, wer zu welchem Zeitpunkt gefehlt hat.
Sie haben die Fehlzeiten ja notiert. Sorgen sie unbedingt dafür, dass alle Schüler alle Materialien haben. Halten Sie die verteilten Arbeitsmaterialien bereit. Lassen Sie gegebenenfalls auch die Hausaufgaben nacharbeiten, am besten in Absprache mit den Eltern. Machen Sie die Notwendigkeit klar: Lücken werden sonst immer größer!

Klassenbuch als Mitteilungsblatt

Den Schüler trifft auch die Pflicht, sich mithilfe des Lehrers im Klassenbuch zu informieren, was als Hausaufgabe aufgegeben wurde. Auch hierüber empfiehlt sich eine freundliche, aber bestimmte Belehrung. Aus diesem Grund sollte man den behandelten Unterrichtsstoff und die Hausaufgabe im Klassenbuch vermerken. Den gängigen Argumenten: „Das hat mir keiner gesagt!" oder „Ich wusste nicht, dass ..." kann man so gut den Wind aus den Segeln nehmen.

„Vergessene" Hausaufgaben

24

„Ich hab meine Hausaufgaben vergessen", ist vermutlich einer der meistgesprochenen Sätze in der Schule, denn die Schüler verstehen unter „vergessen" häufig auch „vergessen zu machen".
Das Problem der „vergessenen" bzw. nicht gemachten Hausaufgaben lässt sich jedoch eindämmen, wenn Sie ein paar Punkte beachten:

Tipp 57

- Hausaufgaben immer bei allen Schülern kontrollieren (Tipp 57). Dies dauert etwa zehn Minuten und ist deshalb nicht in jeder Stunde zu leisten.
- Jeden Tag schriftliche Hausaufgaben geben! „Vergessen" kann dann gar nicht sein!

„Vergessen" heißt „nicht gemacht"

Tipp 63

- Ankündigen, wie Sie auf nicht vorliegende Hausaufgaben reagieren. Sie benötigen ein klares System, wie Sie vorgehen wollen (Tipp 63). Der wichtigste Punkt darin ist: „Vergessene" Hausaufgaben gelten wie nicht gemachte.

Um die Ecke gedacht

„Vergessene" Hausaufgaben als nicht gemachte zu werten, hat einen guten Grund: Die Schulpflicht umfasst auch die Pflicht zur Mitarbeit in der Schule. Dazu gehört nicht nur, Klassenarbeiten zu schreiben, sondern auch Hausaufgaben anzufertigen. Wer dies vergisst, handelt schuldhaft (nämlich fahrlässig), und für dieses Versäumnis hat er die Konsequenzen zu tragen.
Für den Lehrer ist es deshalb unerheblich, ob die Hausaufgaben nicht gemacht oder vergessen wurden. Er kann und braucht das nicht zu überprüfen, entscheidend ist, dass die Hausaufgabe nicht vorliegt.

Vergessen ist schuldhaft!

Tipp 40

Man sollte seinen Schülern klarmachen: Vergessen ist kein Zufall, sondern ein schuldhaftes Versäumnis, für das man einzustehen hat. Auch das Argument „Mein Hund hat das Heft zerfetzt!", kann den Schüler nicht entschuldigen (Tipp 40). Schließlich hat er seine Sachen sicher aufzubewahren, sodass sie keinen Schaden nehmen. Folgendes Verfahren ist bei fehlenden oder „vergessenen" Hausaufgaben sinnvoll:

Tipp 23

- Jede nicht vorliegende Hausaufgabe muss beim nächsten Mal *unaufgefordert* nachgereicht werden (Bringschuld!) (Tipp 23).
- Eine präventive Wirkung erreicht man, wenn man nachgereichte Arbeiten besonders gründlich auf Fehler durchsieht und ggf. noch einmal fehlerfrei abschreiben lässt. Wer das einige Male durchführt, hat nur noch ein Minimum an nicht vorliegenden Hausaufgaben.

Gleich mal ausprobieren

Versuchen Sie es bei nicht vorliegenden Hausaufgaben einmal mit abgestuften Konsequenzen: Für die nicht vorliegende Arbeit gibt es einen Strich, der noch keine ernste Konsequenz hat. Auch den zweiten Strich pro Halbjahr kann man noch durchgehen lassen. Beim dritten Mal sollte jedoch eine ernsthafte Konsequenz folgen, z.B. eine Benachrichtigung der Eltern (Tipp 89).

› Tipp 89

Mehrfach nicht gemachte Hausaufgaben können auch in die Note des Faches mit einfließen. Das sollten Sie den Schülern deutlich sagen.

Das Lockern der Zügel

25

Es gibt wohl kaum einen Punkt, in dem junge und altgediente Lehrer sich so deutlich unterscheiden, wie bei der Strategie, wie man an eine neue Klasse herangeht. Die Idee der meisten jungen Lehrer: Man versucht es erst einmal nett und großzügig, und wenn das nicht funktioniert, dann zieht man die Schraube an.

Lehrer mit langjähriger Erfahrung arbeiten eher umgekehrt. Grundsätzlich sind beide Wege möglich, aber letzterer hat sich für Lehrer und Schüler als leichter erwiesen.

Ein großzügiger Beginn kommt zwar bei den Schülern gut an, berücksichtigt jedoch nicht die Tatsache, dass man es in der Schule mit Kindern zu tun hat (Tipp 3). Die Schüler wollen die Grenzen testen, die der Lehrer ihnen setzt. Sie werden also ihre Spielräume immer mehr ausreizen, bis der Lehrer eingreifen muss, um die Grenzen aufzuzeigen.

› Tipp 3

Schüler wollen Grenzen testen

Letztendlich kommen auch die Lehrer, die großzügig anfangen, nicht umhin, die Zügel anzuziehen. Damit drängt sich die spannende Frage auf, worin denn nun der enorme Unterschied bestehen soll, ob man erst großzügig reagiert und dann die Gangart verschärft oder gleich die Zügel anzieht.

Der Unterschied besteht in der Weichenstellung der ersten

› Tipp 14, 17

Stunden (Tipp 14, 17). Sie prägen das Bild vom Lehrer und seinem Unterrichtsstil und sind später kaum noch zu korrigieren.

Ein zuerst großzügiges Verhalten mit Zugeständnissen, die später zurückgenommen werden, wird vom Durchschnittsschüler als unangenehm empfunden: Zuerst gibt man ihm etwas, das man ihm dann aber wieder wegnimmt. Das ist deutlich ungünstiger als erst keine oder wenige Zugeständnisse zu machen und später, bei entsprechendem Schülerverhalten, die Zügel zu lockern.

Um die Ecke gedacht

Machen Sie es doch einfach wie das Finanzamt: Den Abzug der Steuern vom Gehalt nimmt man als normal hin, die spätere Rückzahlung löst dagegen große Freude aus.

Lieber leise loben

26

„Das ist total super toll!“, lobt der Lehrer, als der Schüler seine mittelprächtige Hausaufgabe vorliest. „Spitze! Ich finde das sooo schön, was du geschrieben hast“, wird ein anderer Schüler anerkennend bedacht. Und in diesem Stil geht es munter weiter. Keine Schülerleistung, die nicht in den höchsten Tönen gelobt wird. Alles ist „Klasse!“, „Spitze!“ oder „Total super toll!“. Dieses vermeintliche Wundermittel, das an einigen Hochschulen angepriesen wird, hat jedoch seine Tücken, vor allem, wenn man eine Klasse neu übernimmt (Tipp 25, 55).

› Tipp 25, 55

Natürlich kann und soll man Schüler auch loben, aber man sollte dabei einiges beachten: Loben Sie zu Beginn zunächst eher verhalten! Als Profi sollten Sie nicht nur die ersten Stunden, sondern das gesamte Schuljahr sehen, das vor der Klasse liegt. Denn welche Steigerungsmöglichkeiten gibt es noch, wenn Sie bereits am Anfang überschwänglich mit Lob um sich werfen? Eigentlich keine.

Steigerungsmöglichkeiten wahren

Ihr Augenmerk sollte darauf gerichtet sein, dass die Schüler sich im Laufe des Jahres steigern und diese Steigerung auch spüren, und zwar nicht nur anhand besserer Noten, sondern auch aufgrund Ihres Lobs. Das stärkste Lob sollte daher eingesetzt werden, wenn sich der Abschied aus der Klasse abzeichnet – und natürlich bei überragenden Leistungen. Grundsätzlich ist es aber günstig, zuerst mit britischem Understatement und Formulierungen zu arbeiten, wie z. B.:

Formulierungen

- „Gar nicht schlecht."
- „Recht ordentlich, was du geleistet hast."
- „Das lässt sich sehen."
- „Das hört sich doch schon ganz gut an."

Wenn Sie solche Formulierungen mit einem respektvollen, zustimmenden Nicken verbinden, ist die Wirkung nicht geringer als das ständige „total super toll".

Um die Ecke gedacht

Schüler besitzen ein feines Gespür für Zwischentöne. Ein mühsam erarbeitetes knappes Lob ist deshalb mehr wert als ein inflationär übertriebenes.

Noch etwas spricht dagegen, die Schüler gleich zu Beginn über den grünen Klee zu loben: Wer den Schülern signalisiert, dass sie bereits alle super toll sind, reduziert damit die Motivation, sich anzustrengen.

Der Lehrer aus dem Anfangsbeispiel würde wahrscheinlich argumentieren: „Also, ich sage den Schülern am Anfang, dass sie ganz toll sind, dass ich es aber spitze fände, wenn sie noch toller werden." Ob das einen durchschnittlichen Schüler motiviert? Wohl kaum, denn wahrscheinlich ist dieser auch schon ganz zufrieden, wenn er ohne große Anstrengung „ganz toll" ist.

27 Abläufe standardisieren

Sicherheit und Ruhe

Man kann jedes Mal neu überlegen, wie man Arbeitsblätter verteilen oder Hefte einsammeln lässt und wie man Schüler beschäftigt, die früher fertig sind – oder man kann Abläufe standardisieren. Von der daraus resultierenden Entlastung für die Lehrkraft profitieren Lehrer und Schüler. Da jeder weiß, was zu tun ist, entstehen Sicherheit und Ruhe.

Das Hauptproblem in vielen Klassen ist weniger ein Mangel an Disziplin, sondern vielmehr ein Fehlen von geregelten Abläufen. Die beiden Hauptgründe dafür sind:

- Den Schülern sind die Abläufe nicht vollkommen klar.
- Der Lehrer hält das *Einüben* der Abläufe für überflüssig.

Aufgrund dieser Fehleinschätzung kapitulieren einige Lehrer und konzentrieren sich nur noch auf die Inhalte. Geht etwas schief, disziplinieren sie und sind unzufrieden.

Classroom Management

Die Lösung liegt in dem, was amerikanisch *classroom management* heißt und sich vielleicht am besten übersetzen lässt mit „Regelung von Abläufen", die aber keine Disziplinierungen darstellen. Um die Unterschiede zu verdeutlichen:

Disziplin handelt davon, wie Schüler sich verhalten sollen.	Abläufe regeln, wie bestimmte Tätigkeiten erledigt werden.
Bei Disziplin gibt es Belohnung oder Strafen.	Bei Abläufen gibt es Erfolg oder Nichterfolg.

Um die Ecke gedacht

Das Öffnen eines Zahlenschlosses ist z. B. so ein Ablauf, den man einüben kann: Erst nach links auf die Sieben, dann nach rechts auf die Elf, dann nach links auf die Drei. Wer diesen Ablauf beherrscht, kann das Schloss öffnen. Wer etwas falsch macht, muss es üben, bis es klappt. Und das hat überhaupt nichts mit Disziplin zu tun.

Wenn Sie Abläufe regeln wollen, sollten Sie das so früh wie möglich tun, dann werden die Schüler ohne Probleme akzeptieren, wie bei Ihnen z. B. die Arbeitsblätter durchgegeben werden. Damit dies unmissverständlich klar wird, sollte auch die Formulierung stimmen. Am besten stellt man als Lehrkraft lakonisch fest: „Ihr werdet bei mir die Arbeitsblätter ..." Eine solche Formulierung setzt allerdings voraus, dass der Lehrer genau weiß, was er will bzw. welcher Ablauf am effektivsten ist (Tipp 87).

Abläufe möglichst früh einführen

› Tipp 87

Gibt der Lehrer keine verbindlichen Abläufe vor, werden einzelne Schüler schnell ihre eigenen Abläufe entwickeln, die untereinander variieren werden. Denn jeder Schüler wird sich das heraussuchen, was ihm am günstigsten erscheint. Verständlich: Da der Lehrer keine Abläufe vorgibt, scheint es ihm egal zu sein, wie etwas vonstatten geht. Deshalb: So früh wie möglich Abläufe standardisieren!

Gleich mal ausprobieren

Am günstigsten wäre, bestimmte Abläufe im gesamten Kollegium einheitlich zu handhaben (Tipp 28). Aber das ist wohl illusorisch. Möglich ist aber eine Absprache mit Kollegen, die in Ihrer Klasse unterrichten. Versuchen Sie also, Mitstreiter zu finden. Selbst wenn nur drei Lehrer einer Klasse gewisse Abläufe einheitlich regeln, entsteht eine positive Wirkung. Zudem sparen standardisierte Abläufe wertvolle Zeit, die für die Bearbeitung von Aufgaben genutzt werden kann.
Wichtig ist, den Schülern vorab eindeutig zu erklären, wie sie sich in bestimmten Situationen zu verhalten haben.

› Tipp 28

Welche Abläufe kann man standardisieren? Eine Auswahl:
- Kontrolle der Anwesenheit (Tipp 30, 31)
- Verhalten bei Zuspätkommen (Tipp 71)
- Ausgeben von Arbeitsblättern
- Einsammeln von Heften
- Nachreichen ausstehender Hausaufgaben usw.
- Gang zur Toilette
- Arbeitsblätter für fehlende Schüler (Tipp 23)
- Beschäftigung für „Schnellarbeiter"

› Tipp 30, 31
› Tipp 71
› Tipp 23

Abläufe üben

Warum nun tun sich einige Kollegen so schwer damit, Abläufe einzuüben? Dafür gibt es vor allem zwei Gründe:

1. Einige Lehrer sehen sich vorrangig als Vermittler von Wissen und empfinden es als unter ihrer Würde, Schülern schlichte Verhaltensregeln nicht nur zu erklären, sondern auch mit ihnen zu üben.
2. Der zweite Vorbehalt bezieht sich auf die Schüler, aus denen man keine „Lernmaschinen“ machen willen, die sich in bestimmten Situationen immer gleich verhalten müssen.

Alltägliche Abläufe

Ich verstehe das Argument, aber ich teile es nicht. Schließlich sind geregelte Abläufe ein Teil unseres Alltags und sorgen für Entlastung. Jeder, der

- mit dem Auto an der roten Ampel hält,
- über Google im Internet etwas sucht,
- als Passagier mit einem Flugzeug fliegt,
- eine Mikrowelle oder einen Videorecorder bedient,

folgt festen Abläufen, ohne zu einer Maschine zu werden.

Volle Aufmerksamkeit sichern

28

Der junge Lehrer betritt die Klasse und möchte anfangen. Aber es ist noch immer ziemlich laut. Zwei Schüler unterhalten sich, andere kramen noch in den Büchertaschen. „Könnt ihr nicht mal ruhig sein?“, ruft der Lehrer in den Raum, ohne jedoch eine Verhaltensänderung zu bewirken. Da er meint, sonst wertvolle Zeit zu verlieren, fängt er einfach an, und zwar mit seiner Begrüßung. Diese wird nur von einem Teil der Klasse eher nebenbei erwidert. Anschließend überprüft der Lehrer die Vollzähligkeit (Tipp 30), dann folgt der Einstieg in das Thema. Die Angelegenheit entwickelt sich recht zäh, die Schüler sind nicht richtig bei der Sache, was aber auch kein Wunder ist.

› Tipp 30

Zur Begrüßung aufstehen

Besser läuft es, wenn man auf das zurückgreift, was vor 40 Jahren noch Standard in allen Schulen war und momentan eine Renaissance erlebt: das Aufstehen vor Beginn des Unterrichts. Immer mehr Kollegen sprechen sich ab (Tipp 27), setzen es durch und sind mit dem Ergebnis sehr zufrieden.

› Tipp 27

Um die Ecke gedacht

Zur Frage, bis zu welchem Alter man Schüler aufstehen lässt: Im Moment wird das Aufstehen bundesweit etwa bis zur 7. Klasse praktiziert, darüber hinaus nur selten.
Daneben hängt es aber auch vom Kollegium ab. Falls alle anderen Lehrer das Aufstehen als erzkonservativ ablehnen, werden Sie es allein kaum durchsetzen können. Es funktioniert nur, wenn zumindest einige Lehrer der jeweiligen Klasse mitziehen.

Unterrichtsbeginn markieren

Das Ziel des Aufstehens ist offensichtlich: Es markiert den Beginn des Unterrichts. Die Pause ist definitiv vorbei. Jetzt folgt eine innere Sammlung, bevor konzentriert gelernt wird. Daneben ist es eine Form der Höflichkeit, dass man aufsteht, wenn man von jemandem begrüßt wird, der steht. Es gibt also zwei gute Argumente für das Aufstehen: Höflichkeit bzw. Respekt gegenüber dem Lehrer, der ebenfalls steht, und der Aspekt der inneren Sammlung, ein Ritual der Konzentration. Allerdings ist das körperliche Sich-Erheben nur die äußere Form, wichtiger ist etwas anderes: Sie beginnen erst bei voller Aufmerksamkeit mit dem Unterricht.

Zeichen von Respekt und Konzentration

Achtung!

Leider bekommt man die volle Aufmerksamkeit nicht automatisch dadurch, dass Schüler sich von ihren Sitzen erheben. Wenn sie aus dem Fenster schauen, auf dem Tisch kramen oder sich noch unterhalten, ist nur wenig gewonnen. Deshalb müssen Sie die Blicke der Schüler einfangen, denn die Aufmerksamkeit ist an den Blick gekoppelt.
Bevor also nicht alle Schüler Sie anschauen, sollten Sie nicht anfangen. Das erfordert Durchhaltevermögen. Aber diese 15 Sekunden, die Sie länger warten, bis alle nur Sie anschauen, sind eine gute Investition in den Gewinn an Aufmerksamkeit.

SOS-Tipp

Falls es in einer Klasse nach dem dritten Mal immer noch nicht klappt, sollten Sie auf die Uhr schauen und die verlorene Zeit hinten anhängen. Um es in der Fußballsprache zu sagen: Es wird eben „nachgespielt“. Dass die folgende Pause dadurch kürzer wird, ist keine Strafe, sondern eine logische Konsequenz, um die verlorene Unterrichtszeit auszugleichen. Notfalls können Sie die verlorene Zeit auch auffangen, indem es mehr Hausaufgaben gibt.

Arbeitsbedingungen optimieren

29

Die Luft ist verbraucht, der Raum ist dunkel, die Tafel ist nicht gewischt, die Tische sind beschmiert und auf dem Fußboden liegen leere Getränketüten. Sie kennen das? Dann kennen Sie die Realität der heutigen Regelschule.

Thema Luft: Jeder Schüler verbraucht pro Stunde etwa einen Kubikmeter Luft, sodass die Luftqualität nach etwa 30 Minuten so gesunken ist, dass die Leistungsfähigkeit abnimmt. Wenn jetzt nur eine kurze Kipplüftung stattfindet, sinkt die Luftqualität unmerklich weiter.

Luft zum Atmen

Unter solch ungünstigen Bedingungen Schüler zum Lernen zu bringen, ist ausgesprochen schwierig. Für die optimale Leistungsfähigkeit braucht man eine Luftwechselrate, bei der am Ende jeder Schulstunde etwa fünf Minuten gründlich durchgelüftet wird.

Thema Licht: Leider täuscht uns das Auge hinsichtlich der wirklichen Helligkeit. In vielen Unterrichtsräumen herrscht eine Beleuchtung von schlappen 1.000 Lux. Damit der menschliche Körper aktiv wird, benötigt er aber etwa 2.000 Lux. Das Licht im Klassenzimmer ist damit meistens viel zu gering, um Schüler morgens richtig wachzumachen.

Ausreichend Licht

Damit wird klar, warum viele Schüler frühmorgens so schwer in Fahrt zu bringen sind. Es ist einfach nicht hell genug (Tipp 96).

› Tipp 96

Gleich mal ausprobieren

Testen Sie einmal mit dem Luxmeter die Lichtintensität des Raumes, in dem Sie in der dunklen Jahreszeit frühmorgens unterrichten müssen.

Natürlich kommen viele Schüler müde zum Unterricht, weil sie lange vor Fernseher oder Computer sitzen. Wenn dann aber noch die Luft schlecht und das Licht zu dunkel ist, herrschen denkbar schlechte Bedingungen.

Sauberkeit

Schon im eigenen Interesse sollten Sie sich deshalb für eine Arbeit unter akzeptablen Bedingungen einsetzen. Dazu zählt auch das *Thema Sauberkeit:* In etlichen Schulen säubert ein Ordnungsdienst der Klasse am Ende des Schultages grob den Raum. Das ist zwar positiv, hat aber einen Haken: Dadurch wird der Eindruck erweckt, es sei egal, wie der Raum *während* des Unterrichts aussieht, entscheidend sei nur der Zustand nach Beendigung des Unterrichts. Und so gibt es Lehrer, die klaglos in einem schmutzigen Raum unterrichten, weil sie wissen, dass er am Ende des Tages gesäubert wird. Auf den Punkt gebracht bedeutet das: Schüler und Lehrer stören sich nicht am herumliegenden Dreck während ihres gemeinsamen Arbeitens, aber nach dem Unterricht wird der Raum (für die Putzfrauen?) saubergemacht.

Um die Ecke gedacht

Wer seinen Erziehungsauftrag als Lehrer ernst nimmt, müsste beim Betreten eines schmutzigen Raumes sagen: „In so einem Raum unterrichte ich nicht – und auch ihr habt es nicht nötig!" Dann wird erst einmal saubergemacht, um ein Zeichen zu setzen.

Sie sind eine pädagogische Führungskraft mit Vorbildcharakter (Tipp 8) und verlangen für Ihre wichtige Tätigkeit bestimmte Voraussetzungen – weil Sie es sich wert sind. Und ein schmutziger Raum ist keine angemessene Umgebung für Sie. Auch den Schülern sollten Sie dieses Verständnis vermitteln: Der Unterricht bei Ihnen verläuft nicht nur in geordneten Bahnen, sondern auch in einer sauberen Umgebung.

› Tipp 8

30 Anwesenheit kontrollieren I

Sie haben die Wahl: Entweder führen Sie in Ihrem Unterricht die Anwesenheitskontrolle am Stundenbeginn durch oder Sie machen es während der Stunde. Für beide Varianten gibt es gute Gründe, denn die Standardlösung, sie zum Stundenbeginn zu machen, hat auch Nachteile.

› Tipp 31

Auf jeden Fall sollten Sie die Anwesenheit kontrollieren (Tipp 31). Zum einen sind Sie gesetzlich verpflichtet, Fehlzeiten festzuhalten, zum andern sollten Sie den Schülern zeigen, dass Sie das Fehlen bemerken, weil Ihnen die Anwesenheit jedes Einzelnen wichtig ist.

Fehlzeiten festhalten

Individuelle Begrüßung

Viele Kollegen können sich gar nichts anderes vorstellen als die gute alte Standardlösung: die Anwesenheitskontrolle zu Beginn der Stunde. Bei ruhigen und disziplinierten Klassen ist sie problemlos möglich. Sie gibt den Schülern gleich zum Anfang der Stunde das Gefühl, wahrgenommen zu werden, insbesondere dann, wenn man mit der Kontrolle der Anwesenheit eine persönliche Bemerkung verknüpft, wie etwa:

- „Schön, dass du wieder da bist."
- „Na, wie war's im Schüleraustausch?"
- „Wie lange musst du den Gips noch tragen?"

Achtung!

Der Schnelldurchgang ohne direkte Ansprache braucht nicht viel Zeit, baut aber keinen persönlichen Bezug auf und führt dazu, dass die Klasse die Zeit für andere Tätigkeiten nutzt, da der eigentliche Unterricht ja noch nicht angefangen hat.

Um die Ecke gedacht

Wird beim Aufrufen der Namen vom jeweiligen Schüler eine Antwort gefordert, wie z. B. „anwesend" oder „hier", so steigt erfahrungsgemäß der Geräuschpegel an. Das ist gerade zu Beginn der Stunde ungünstig, denn die Schüler sollen zur Ruhe kommen, um sich auf den folgenden Arbeitsauftrag zu konzentrieren (Tipp 49, 67). Zudem wird spaßigen Antworten wie „Nein" „Nicht da!" oder „Hiiiieeer!" Tür und Tor geöffnet, was die Stunde in ungünstige Bahnen lenkt. Gerade Problemschüler sehen hier eine gute Möglichkeit, Lacher zu erzeugen und gleich zum Stundenbeginn die Autorität des Lehrers zu testen.

› Tipp 49, 67

Anwesenheit kontrollieren II

31

Anwesenheit während der Stunde kontrollieren

In schwierigen Klassen kann es sinnvoll sein, sofort mit der Arbeit zu beginnen und die Anwesenheit der Klasse erst später in einer Stillarbeitsphase zu kontrollieren. Daraus ergeben sich folgende Vorteile:

- Es wird gleich von der ersten Minute an konzentriert gearbeitet und keine Zeit für diese Verwaltungstätigkeit verschwendet.
- Kein zu spät kommender Schüler kann argumentieren: „Sie haben ja noch gar nicht angefangen." (Tipp 71)
- Überflüssige Diskussionen darüber, ob ein Schüler wirklich fehlt oder bereits irgendwo im Hause ist, entfallen.
- Es ist einfacher, zwischen Schülern zu unterscheiden, die fehlen oder fünf Minuten zu spät kommen.
- Vor allem bleibt der Geräuschpegel niedrig.
- Und last, but not least: Wenn gleich zum Stundenbeginn z. B. ein Arbeitsblatt verteilt wird, müssen zu spät kommende Schüler sich sputen, um die Aufgabe zu lösen, und werden sich in Zukunft hoffentlich bemühen, pünktlich zu sein.

› Tipp 71

Störquellen neutralisieren

32

Der wohl wichtigste Tipp, die volle Aufmerksamkeit der Schüler auf den Unterricht zu lenken, besteht darin, die Störquellen zu neutralisieren. Das heißt, alles Störende ist in der Tasche zu verstauen. Denn das Problem für den Unterricht besteht nicht nur im Spielen, während der Lehrer etwas erklären will, sondern viele Kinder halten so andere von der Arbeit ab.

Ablenkung

Schauen Sie einmal bei Schülern nach, was sie unter dem Tisch haben. Meist finden Sie dort Allerlei, das die Aufmerksamkeit des Schülers mehr fesselt als Ihr Unterricht. Diese Dinge haben eine so hohe Attraktivität, dass ein freiwilliger Verzicht der Kinder auf ihr Spielzeug und andere Dinge einfach unrealistisch ist. Also muss man den Schülern helfen, sich besser zu konzentrieren. Erfahrungsgemäß geht das nur über Verstauen außer Reichweite. Das muss unbedingt erfüllt sein, damit nicht ständig Blicke oder Gedanken dorthin wandern.

Verstauen

Um die Ecke gedacht

Es gibt bereits Schulen, die gute Erfahrungen mit einem generellen Verbot machen, dass rein gar nichts in die Schule mitgebracht werden darf.
Ein Verbot durch die Schulgremien ist zulässig, wenn es bereits dokumentierte Vorfälle gegeben hat, bei denen Schüler zu Schaden gekommen sind, und zu befürchten ist, dass sich so etwas wiederholt.

Nabelschnur zu ihrer Welt

Falls Sie die Regel durchsetzen wollen, Störquellen während des Unterrichts zu verstauen, werden Sie sicherlich einen Aufschrei der Empörung erleben. Die Schüler sind eher bereit, sinnlose Texte abzuschreiben, als auf ihr Spielzeug zu verzichten (Tipp 22, 80).

› Tipp 22, 80

Bei einem Verstoß gegen die Regel dürfen Sie alles Unterrichtsfremde einziehen, sind dann aber für dessen sichere Aufbewahrung verantwortlich.

SOS-Tipp

Sinnvoll ist es, eingezogene Gegenstände in einem Briefumschlag oder Karton (mit dem Schülernamen darauf) aufzubewahren und diesen im Sekretariat abzugeben. Dort quittiert der Schüler beim Abholen auf dem Umschlag mit seiner Unterschrift kurz den Empfang. Auf diese Weise hat man zugleich einen Beleg über das Fehlverhalten, den man den Eltern zeigen kann.

33 Häufiger alphabetisch vorgehen

Vor einer Woche hat der junge Kollege eine Arbeit zurückgegeben, damit die Schüler ihre Berichtigung anfertigen. Heute ist der Abgabetermin: Bevor der Lehrer seinen Tisch erreicht, drücken ihm bereits die ersten Schüler ihr Heft in die Hand. Nach der Begrüßung reichen weitere ihre Hefte nach vorn, bis ein dicker Stapel auf dem Pult liegt. Aber ganz offensichtlich sind es noch nicht alle. Also fragt der Lehrer: „Von wem fehlt noch das Arbeitsheft?" Zwei Schüler melden sich und werden aufgefordert, das Heft bald nachzureichen.

Was der Lehrer nicht weiß: Insgesamt haben vier Schüler nicht abgegeben. Das wird er jedoch erst einige Zeit später merken. Daher der Tipp: Möglichst immer alphabetisch vorgehen!

Mancher Lehrer glaubt, Zeit zu sparen, indem er die ersten Hefte einsammelt, während die letzten Schüler noch nach ihren kramen. Das ist ein Trugschluss, denn später wird viel Zeit benötigt, um herauszufinden, von wem das Heft noch fehlt. Schwierig wird es erst recht, falls ein säumiger Schüler fest behauptet, er habe das Heft doch abgegeben, was auch sein Banknachbar bestätigt.

Überblick behalten

Ein verlässlicher Überblick zum Zeitpunkt des Einsammelns darüber, wer nicht abgegeben hat, ist also von unschätzbarem Wert (Tipp 1).

› Tipp 1

Geht man beim Einsammeln alphabetisch vor, dauert dies nur wenig länger als das ungeordnete Vorgehen, ist aber viel sicherer. Jetzt werden die Schüler ohne Berichtigung klar erkannt und festgehalten. Eine spätere Behauptung, man habe das Heft doch abgegeben, kann somit keinen Lehrer aus der Ruhe bringen. Für jedes abgegebene Heft gibt es ein Häkchen. Und wenn hinter dem Namen kein Häkchen steht, hat der Schüler das Heft eben nicht abgegeben.

Um die Ecke gedacht

Das alphabetische Vorgehen hat noch einen weiteren Vorzug. Jede Lehrkraft, die so vorgeht, demonstriert ihren Schülern, dass sie nicht planlos handelt, sondern ein lückenloses System hat. Die Chance, bei diesem Lehrer mit windigen Behauptungen durchzuschlüpfen, tendiert gegen Null. Damit rückt er in die Liga der Lehrkräfte auf, die respektiert werden, weil sie professionell vorgehen.

Gleich mal ausprobieren

› Tipp 5

Lassen Sie die Schüler in alphabetischer Reihenfolge zum Lehrerpult kommen. Das funktioniert wunderbar, denn die Schüler kennen meistens sehr genau die Reihenfolge ihrer Namen auf der Klassenliste. Außerdem wird so ganz nebenbei geklärt, wer eigentlich zu wem kommen muss (Tipp 5).

34 Zettel austeilen lassen

Hier geht es um die Frage, wie Arbeitsbögen ausgeteilt werden sollten. Natürlich können Sie durch die Klasse laufen und jedem Schüler den Arbeitsbogen anreichen. Aber es ist eine Überlegung wert, ob nicht auch andere Systeme möglich oder sogar zweckmäßiger sind.

Frage der Hierarchie

Gegen das Verteilen durch die Lehrkraft spricht, dass man dabei nicht die gesamte Klasse im Blick hat: Eine wunderbare Gelegenheit für Schüler, sich anders zu beschäftigen.

Auch die Frage, wer sich zu wem bewegt, spricht dagegen. Wer ständig Schülern die Materialien anreicht, muss sich nicht wundern, wenn er gebeten wird, den Papierkorb mal eben nach hinten zu bringen.

Nein, im Ernst. Es spricht nichts dagegen, Materialien an die Schülertische zu bringen, aber es sollte nicht zur Gewohnheit werden. Keine Führungskraft wird auf einem Seminar selbst die Unterlagen verteilen. Entweder liegen sie auf einem Stapel und man bedient sich oder sie werden durchgereicht oder (auf höchster Ebene) von einer Sekretärin verteilt. Also: Zettel grundsätzlich nicht selbst austeilen!

Nicht selbst austeilen

Gleich mal ausprobieren

Betrauen Sie doch Schüler mit dem Austeilen (Tipp 75) oder lassen Sie die Blätter durchreichen. Diese Zeit könnten Sie dazu nutzen, die Anwesenheit zu kontrollieren (Tipp 31). Damit das Verteilen nicht zu lange dauert, sollten Sie jedoch mindestens zwei Stapel machen, die verteilt werden.

›Tipp 75
›Tipp 31

Achtung!

Für das *Einsammeln* von ausgeteilten Arbeitsbögen sollten Sie bei schwierigen Klassen auf die Hilfe von Schülern verzichten. Allzu häufig werden diese Schüler geneckt, indem man ihnen das Batt nicht gibt oder Spielchen mit ihnen treibt („Hol's dir doch!"). Das ist für die helfenden Schüler unangenehm und führt zu unnötigen Störungen. Außerdem gilt: Eingesammelte Blätter stets nachzählen, damit keines verloren geht oder „vergessen" wird!

35 Kein Dazwischenrufen zulassen

Schaut man sich unruhige Klassen an, stellt man schon bald fest, dass die Schüler in solchen Klassen unkontrolliert ihre Wortbeiträge in den Raum rufen. Noch vor dem Schwatzen mit dem Banknachbarn ist das Dazwischenrufen die Hauptursache für unruhige Klassen. Vielen Lehrkräften ist dieses

Dazwischenrufen gar nicht bewusst. Sie nehmen die Schüler ohne eine Bemerkung dran, gehen auf deren Beiträge ein, stellen aber am Ende der Stunde fest, die Klasse sei sehr unruhig und sie selbst nervlich fast am Ende.

Tricks der Schüler

Meistens bedienen sich die Schüler folgender Tricks:

1. Der Schüler ruft, hebt aber gleichzeitig den Arm. Weil der Lehrer das Armheben registriert, meint er, den Schüler aufgerufen zu haben, da dieser ja spricht. Zwei Ereignisse werden so verknüpft, dass ein sinnvoller Zusammenhang hergestellt wird. Das funktioniert so gut, dass viele Kollegen gar nicht merken, was eigentlich abgelaufen ist. Spricht man sie darauf an, sagen sie, der Schüler habe sich doch gemeldet. Das stimmt zwar, aber er wurde vom Lehrer *nicht drangenommen*. Also: Fordern Sie Ruhe beim Handheben!
2. Der Schüler ruft einfach laut den Namen der Lehrkraft. Der natürliche Reflex jedes Menschen besteht darin, auf den eigenen Namen in der Weise zu reagieren, dass man den Blick zum Rufenden wendet (Tipp 19). Dieses Hinwenden zum rufenden Schüler deutet dieser als Aufforderung und fängt an zu sprechen.

› Tipp 19

Melden und warten!

Den Schülern ist hier kein Vorwurf zu machen. Wenn der Lehrer diejenigen drannimmt, die in die Klasse rufen, dann riskiert man mit eigener Zurückhaltung, nicht mehr zum Zuge zu kommen (Tipp 48). Also passt man sich an und ruft auch dazwischen, und zwar früher oder lauter als die anderen. Wer dies aber als Lehrer nicht akzeptieren will, sollte seinen Schülern deutlich machen: Kein Wortbeitrag ohne vorherige Meldung und Aufrufen durch den Lehrer!

› Tipp 48

Um die Ecke gedacht

Angesprochen auf das Dazwischenrufen, haben einige Lehrer Bedenken, dies einzudämmen, denn es sei doch ein Beleg für die Begeisterung der Schüler. Wer die Wortbeiträge reglementiere oder in bestimmter Reihenfolge abrufe, „verschüttet die Spontaneität der Schüler".

Falls Sie jedoch das Dazwischenrufen unterbinden wollen, mögen Ihnen folgende Überlegungen helfen: In heutigen Klassen mit etwa 25 oder mehr Schülern ist es schlichtweg unzumutbar, dass jeder einfach in den Raum ruft.
Und es hat fatale Nebenwirkungen: Welches Signal erhalten Schüler, wenn ein Lehrer diejenigen drannimmt, die einfach etwas in den Raum rufen? Die mündliche Mitarbeit wird zu einem Verdrängungskampf, bei dem offensichtlich jedes Mittel erlaubt ist, um die Aufmerksamkeit des Lehrers zu erreichen. Bei diesem Kampf siegen die Schnellsten oder Lautesten, die Nachdenklichen und Ruhigen bleiben auf der Strecke.
Diesen akustischen Darwinismus des *survival of the loudest* kann eine erziehende Schule eigentlich nicht wollen. Wer sich also über diejenigen ärgert, die sich immer vordrängeln, sollte in der Schule auch der stimmlichen Ellenbogengesellschaft Einhalt gebieten.
Unabhängig von der Stressreduktion für den Lehrer geht es darum, dass die Schüler das Warten, das Sichgedulden lernen und begreifen, dass ihr Hineinrufen ein verbales Sichvordrängeln darstellt (Tipp 37, 98).

› Tipp 37, 98

Gleich mal ausprobieren

Versuchen Sie einmal, Schüler zu ignorieren, die unaufgefordert dazwischenrufen. Sie werden feststellen, wie schwierig es ist, auf die Zurufe nicht zu reagieren (Tipp 41). Einfacher ist es deshalb, mit einer kurzen Bemerkung zu reagieren. Beispielsweise:

› Tipp 41

- „Reinrufer nehm' ich nicht!"
- „Dazwischenrufer hör' ich nicht!"
- „Nicht reinrufen!"

Falls ein solcher kurzer Hinweis keinen Erfolg zeigt, sollten andere Konsequenzen gezogen werden, z. B. das Abschreiben eines entsprechenden Zettels. Das wirkt spätestens nach dem zweiten Mal.

Gleiche Chancen

Sobald Sie etabliert haben, dass Schüler nicht mehr einfach

in den Raum rufen, werden Sie einen niedrigeren Lärmpegel und eine generelle Beruhigung feststellen. Die Schüler wissen, dass man sich bei Ihnen nicht akustisch vordrängeln kann, das lenkt ihre Beiträge in geordnete Bahnen und gibt auch den ruhigeren Schülern eine Chance, sich mündlich zu beteiligen.
Wie sagte eine Kollegin, die das Dazwischenrufen eingedämmt hat: „Es ist unglaublich, wie positiv sich die Klasse alleine dadurch verändert hat." So ist es.

Das Yellow-Line-Prinzip

36

Der Tisch des jungen Lehrers steht nur etwa 80 Zentimeter von der Wand bzw. der Tafel entfernt. Er kann kaum seinen Stuhl zurückziehen und muss sich auf seinen Platz quetschen. Dabei sind hinter der letzten Bankreihe der Schüler noch etwa zwei Meter Platz. Was war passiert? Im Laufe der Zeit hatten die Schüler ihre Tische immer weiter nach vorn geschoben, um für sich mehr Platz zu bekommen.
Der Lehrer, angesprochen auf diesen Sachverhalt, hat das allmähliche Schwinden seines Raumes wohl bemerkt, traut sich aber nicht, die gesamte Klasse aufzufordern, mit ihren

› Tipp 66

Tischen und Stühlen nach hinten zu rücken (Tipp 66).
Im herrschenden Klassenraumprinzip wird der Lehrer zu jemandem, der seinen Platz im Raum erst einfordern bzw. behaupten muss. Dazu braucht man ein gefestigtes Selbst-

› Tipp 4

bewusstsein (Tipp 4). Wer dieses nicht aufbringt, bekommt eben den Raum, den die Schüler für ihn übrig lassen, und nicht mehr.

› Tipp 5

Vorn (Tipp 5) ging es um das „Revier" im übertragenen Sinne. Hier geht es nun um das Revier im konkreten räumlichen Sinn. Und dieses Revier besitzt nicht die Größe eines Bierdeckels, sondern ist deutlich größer. Sie haben Anspruch auf ausreichend Platz, um Ihre Sachen unterzubringen und bequem zu Ihrem Lehrertisch zu kommen und dort

Platz einfordern

Platz zu nehmen. Lassen Sie sich nicht bedrängen!

Gleich mal ausprobieren

Als Folge Ihres unsichtbar abgesteckten Reviers lassen Sie sich nicht von Schülern bestürmen, die an Ihren Tisch drängen, weil sie etwas von Ihnen wollen. Es geht nämlich auch gesitteter: Von der Einreise in manche Länder kennen Sie vielleicht die *yellow line*, die gelbe Begrenzungslinie auf manchen Flughäfen, die man nicht überschreiten darf, bis der Beamte einen heranwinkt.

Dieses Verfahren dauert nicht länger als die Abfertigung einer drängelnden Masse. Es ist aber für den Beamten entlastender, weil *er* die Kontrolle hat. Dieses Verfahren sollten auch Sie nutzen: Schüler, die etwas von Ihnen wollen, dürfen nicht drängeln, denn es geht nicht darum, dass die Kräftigsten zuerst drankommen. Stattdessen bilden die Schüler eine Reihe, eventuell sogar in alphabetischer Reihenfolge (Tipp 33), und warten in angemessenem Abstand, bis sie von Ihnen herangewinkt werden.

› Tipp 33

Schüler warten lassen

37

Sie kennen das: Kaum betreten Sie den Klassenraum, schon bestürmen etliche Schüler Sie mit Fragen, Forderungen oder Mitteilungen. „Wann kriegen wir die Arbeit zurück", „Wissen Sie, dass Paris Hilton geheiratet hat?". Einige Schüler rufen Ihnen dies fröhlich von ihrem Platz aus zu, die beweglicheren kommen Ihnen entgegen und folgen Ihnen zum Lehrerpult, um ihre Anliegen vorzutragen.

Wortgewitter ignorieren

Was hier wie ein begrüßenswertes Interesse an Gott und der Welt aussieht, ist pädagogisch nicht zu unterschätzen. Abgesehen davon, dass Sie sich durch solche Wortgewitter dem Hörsturz gefährlich nähern (Tipp 98), droht eine andere Gefahr: Falls Sie jetzt auf diese Fragen eingehen, verlieren Sie pädagogisch an Boden. Gehen Sie deshalb kurz vor oder nach dem Betreten der Klasse nicht auf irgendwelche Fragen oder Mitteilungen ein (Tipp 12, 79). Der Standardsatz dafür lautet: „Jetzt nicht!"

› Tipp 98

› Tipp 12, 79

Natürlich können Sie auch eine andere Formulierung wählen, aber sie sollte prägnant sein, damit Sie sie problemlos wiederholen können. Man muss sich dann nicht ständig neue Entgegnungen ausdenken (Tipp 77). Und irgendwann werden die Mitschüler dem Sie Bedrängenden im Chor zurufen: „Du weißt doch: Jetzt nicht!"

› Tipp 77

Um die Ecke gedacht

Ja sicher, es ist schwierig, auf diese Fragen nicht zu reagieren. Man möchte höflich und hilfsbereit sein, weil man das spontane Interesse der Schüler spürt. Aber die Botschaft, die Sie durch eine Antwort vermitteln, ist eine ganz andere. Denn neben dem Eingehen auf die Schüleräußerungen wird geklärt, wer wann etwas sagen darf. Wer als Lehrer *vor* der Eröffnung des Unterrichts auf solche Äußerungen eingeht, signalisiert, dass seine Planung nachrangig und unwichtig ist. Und man weiß ja gar nicht, ob man das möchte.

Evines ist klar: Natürlich dürfen und sollen Schüler Fragen stellen, aber nicht, bevor der Unterricht durch Sie offiziell eröffnet wurde.

Günstig ist ein festgelegtes Ritual, wie z. B. Begrüßung, Anwesenheitskontrolle (Tipp 30), Organisatorisches, in dem auch die Beantwortung von Schülerfragen ihren Platz hat.

› Tipp 30

Lehrer als Moderator

Der entscheidende Unterschied: Auf diese Weise kanalisieren Sie die Redebeiträge und verhindern, dass Ihnen fünfmal dieselbe Frage gestellt wird. Zudem machen Sie deutlich: Jeder kommt bei Ihnen zu Wort, aber nur über Sie als Moderator.

Diskussionsbedarf testen 38

Manchmal möchte eine Klasse über die Regeln diskutieren, die zum Beginn des Schuljahres aufgestellt worden sind. Das könnte an einer Regelung liegen, die tatsächlich unklar formuliert ist. Es könnte aber auch sein, dass einige Schüler einfach keine Lust haben, mit dem eigentlichen Unterricht zu beginnen. Stattdessen lässt sich mit der Diskussion über grundsätzliche Fragen leicht eine Stunde oder mehr füllen. Und aus Schülersicht gilt: Diskutieren ist besser als arbeiten, besonders wenn eine schriftliche Aufgabe erledigt werden soll. Wegen dieser Einstellung sollten Sie beachten: Nie sofort über Grundsätzliches diskutieren!

Lieber diskutieren als arbeiten

Die Regeln sind von Ihnen (oder zusammen mit der Klasse) durchdacht und ausgearbeitet worden (Tipp 22). Sie dürfen deshalb nicht vorschnell geändert werden. Ihr Standardsatz sollte deshalb stets lauten: „Wir werden heute nicht einmal *anfangen*, darüber zu diskutieren!"

› Tipp 22

Nicht vorschnell diskutieren!

Allerdings könnte es auch echten Klärungsbedarf geben. Wie aber bekommt man das heraus? Ganz einfach: Lassen Sie die diskutierfreudigen Schüler schreiben. Sie sollen

1. die jetzige Regelung in eigene Worte fassen,
2. den Punkt, der sie daran stört, formulieren,
3. einen Lösungsvorschlag niederschreiben.

Wer nicht diskutieren möchte, braucht folglich auch nichts zu schreiben. Jetzt wird sich zeigen, wie stark das Interesse ist. Zum einen sieht man, ob das Thema wirklich viele Schüler oder nur einige wenige beschäftigt. Zum anderen ist der angenehmen Diskussion das unangenehme Schreiben vorgeschaltet. Wenn dieses aber bereits dazu führt, dass auf eine Diskussion verzichtet wird, kann das Interesse nicht sonderlich hoch sein.

Interesse ausloten

Um die Ecke gedacht

Obwohl die Schüler im Moment testen wollen, ob man Sie zu einer Diskussion überreden kann, wünschen sie sich von Ihnen Konstanz und Verlässlichkeit (Tipp 2). Um das zu

› Tipp 2

demonstrieren, sollten Sie klarmachen, dass Sie nicht bereit sind, spontan wichtige Regeln über Bord zu werfen, denn es gibt einen Kernbereich, der bei Ihnen Bestand hat. Deshalb fordern Sie die schriftlichen Stellungnahmen. Sie wollen sich in Ruhe mit den dort vorgetragenen Argumenten auseinandersetzen und sich auf eine mögliche Diskussion vorbereiten.

Mit Gegenfragen reagieren

39

› Tipp 37

Einige Schüler beherrschen es perfekt, andere mit Fragen in Zugzwang zu bringen. Und da Lehrer es gewohnt sind, Fragen zu beantworten, reagieren sie fast reflexartig und versuchen, in jedem Fall eine Antwort zu geben (Tipp 37). Bei Fragen, die sich auf den Unterrichtsstoff beziehen, ist das in Ordnung, aber es gibt auch Fragen, hinter denen sich eigentlich eine Forderung verbirgt (Tipp 79):

› Tipp 79

- „Wann kriegen wir die Arbeit zurück?"
- „Warum können wir die Stunde nicht ausfallen lassen?"
- „Wann machen wir endlich mal was anderes?"

Reaktion erzwingen

Diese Fragen zielen weniger auf Informationen ab, sondern darauf, dem Gegenüber ein Zugeständnis abzuringen oder – im Falle einer Ablehnung – eine Rechtfertigung dafür zu liefern. Die Schüler haben begriffen, dass der Fragende im Vorteil ist. Er gibt die Richtung des Gesprächs vor und zwingt die Gegenseite zur Reaktion.

Sie können auf die Fragen eingehen und sie beantworten. Sie können aber den Ball, der Ihnen zugeworfen wird, auch einfach abprallen lassen. Dabei haben Sie mehrere Möglichkeiten, aber das Grundprinzip lautet: Kontern Sie mit Gegenfragen! Den Ball zurückspielen bzw. ihm ausweichen können Sie, indem Sie z. B. wie folgt reagieren:

- „Meinst du, dass du die wirklich wiederhaben willst?"
- „Und was würdet ihr dann Sinnvolles machen?"
- „Gute Idee, was hältst du von einer knackigen Übung?"

SOS-Tipp

Eine fast immer passende Entgegnung ist die simple Gegenfrage: „Warum denn das?" Damit liegt der Schwarze Peter wieder beim Schüler, der eine Begründung liefern muss, während Sie Zeit gewinnen, um zu überlegen.

Den Zugzwang umkehren

Sie merken schon, wie es geht: Die von den Schülern als Frage verpackte Forderung wird nicht ernsthaft beantwortet, sondern nur als Anlass genommen, den Schüler seinerseits in Zugzwang zu bringen und ihm zu zeigen, dass man nicht in die Falle getappt ist.

Geschichtenerzähler stoppen

40

„Gerade als ich gestern Abend mein Heft einpacken wollte, kam meine Mutter und bat mich, ihr beim Kartoffelschälen zu helfen. Dabei ist mir das Messer ausgerutscht und ich habe mich geschnitten. Meine Mutter hat mir ein Pflaster drauf gemacht und gesagt, dass ich den Finger hochhalten soll. Aber es hat unheimlich lange gedauert, bis die Blutung aufhörte. Inzwischen waren die Kartoffeln gar, sodass wir essen konnten. Das war echt lecker, denn dazu gab es Hähnchenschnitzel und dann noch Eis zum Nachtisch. Danach war ich so pappsatt, dass ich gleich ins Bett gefallen bin. An mein Deutschheft konnte ich natürlich nicht mehr denken. Das liegt jetzt leider noch in meinem Zimmer."
Diese oder ähnliche Geschichten kennen Sie von Schülern, die ihre Hausaufgaben nicht gemacht haben, zu spät zum Unterricht kommen oder ihre Arbeitsmaterialien vergessen haben (Tipp 24, 71, 15). In einer solchen Situation ergeben sich zwei Probleme:

› Tipp 24, 71, 15

1. Wertvolle Zeit geht durch die Geschichte verloren.
2. Wenn die Geschichte amüsant ist, erntet der Erzähler Gelächter in der Klasse und man achtet gespannt darauf, wie Sie reagieren.

Deshalb sollten Sie den Schülern klarmachen: Ich will keine Geschichten hören!

Schriftliche Stellungnahme

Selbst falls sich alles so zugetragen hat, muss das nicht öffentlich vorgetragen werden. Effektiver ist es, ab der dritten Jahrgangsstufe den Schüler das, was er zur Entschuldigung vortragen wollte, zu Hause *aufschreiben* zu lassen.

Dabei sollten oben auf der Seite der Name und das Datum stehen. Erst darunter folgt die Schilderung des Sachverhalts, die mit der Unterschrift des Schülers abschließt.

Dieses Verfahren hat eine erstaunliche Wirkung: Die Zahl der „vergessenen" Hausaufgaben (oder der zu spät Kommenden) sinkt rapide. Die Lust, ausführliche Geschichten schriftlich festzuhalten, ist nämlich nicht sehr groß. Außerdem haben Sie mit dieser schriftlichen Erklärung einen datierten Beleg in der Hand, den Sie ggf. den Eltern bei einem Gespräch präsentieren können (Tipp 91).

› Tipp 91

Um die Ecke gedacht

Diese Vorgehensweise kann wirkungsvoll von einem Poster, das in der Klasse aufgehängt wird, begleitet werden. Es sollte in seiner Form (Name, Datum, Unterschrift) dem Schreiben gleichen, das die Schüler aufsetzen sollen. Nur dort, wo sonst die Erklärung der Schüler prangt, steht auf dem Poster in großen Buchstaben:

VERANTWORTUNG ÜBERNEHMEN
statt
GESCHICHTEN UND ENTSCHULDIGUNGEN!

41 Trockenübung durchführen

Vielleicht haben Sie schon einen Tipp gefunden, den Sie ausprobieren möchten, weil gewisse Situationen Sie belasten. Im schlimmsten Fall wird es nicht besser, aber auch nicht schlechter. Im anderen Fall haben Sie Erfolg. Die Chancen stehen also nicht schlecht, sondern eins zu eins.

Um Ihre Erfolgschancen noch weiter zu erhöhen, ist es wichtig, das geplante Verhalten vorher „trocken" zu üben, denn das Problem *verstanden* zu haben, nützt in der konkreten Situation herzlich wenig. Zu unberechenbar sind die Reaktionen, die auftreten können, zu tief sitzen bestimmte eigene Reflexe, die man sich im Laufe der Jahre angeeignet hat.

Verstehen allein reicht nicht

Am besten geht es mit einem Partner, der das unerwünschte Schülerverhalten, z. B. drängende Fragen, simuliert. Notfalls geht es aber auch allein. 20 Durchgänge sollten Sie allerdings schon absolvieren, damit das neue Verhalten vor der Klasse auch wirklich „sitzt".

Üben!

Warum nun sollten Sie als intelligenter Mensch vorher üben? Ganz einfach: In der betreffenden Situation werden Sie unter Stress stehen, denn Sie wollen ein neues Verhalten nicht nur mal ausprobieren, sondern es soll auch *klappen*. Das gelingt aber nur, wenn Ihre Reaktion so souverän wirkt, als hätten Sie es schon tausendmal gemacht.

Das funktioniert aber leider nicht aus dem Stegreif. Wer jahrelang auf Schülerfragen vor dem Unterricht geantwortet hat, kann dies nicht einfach so ändern (Tipp 37). Deshalb: Üben Sie neue Verhaltensweisen „trocken"!

› Tipp 37

SOS-Tipp

Falls Sie es nicht zu Hause üben wollen, sollten Sie zumindest auf dem Weg zur Schule den Kernsatz als Mantra vor sich hin murmeln, z. B.: „Jetzt nicht! Jetzt nicht! Jetzt nicht! Jetzt nicht! Jetzt nicht! Jetzt nicht!" Sagen Sie ihn noch ein paar Mal auf Ihrem Weg vom Lehrerzimmer zu der Klasse, die Sie regelmäßig mit Fragen vor dem Unterricht überfällt. Wenn Sie ihn oft genug vor sich hingemurmelt haben, kommt der rettende Satz auch schnell und ohne nachzudenken über Ihre Lippen.

Der Lehrer ist die Klingel

42

In zehn Minuten ist Pause, die ersten Schüler blicken zur Uhr. Ein Schüler schließt das Buch, ein anderer klappt sein Heft zu, dann ein Dritter. Der Lehrer scheint dies zu sehen, reagiert aber nicht. Drei Minuten vor Schluss hört kaum noch jemand zu. Der Lehrer wird immer hektischer, weil die Aufmerksamkeit der Schüler fast bei Null angelangt ist.

Kein vorzeitiges Packen

Jeder in der Schule weiß es: Der Lehrer bestimmt das Ende der Stunde und nicht die Klingel. Aber das ist die Theorie. Die Praxis sieht anders aus. Zwar verlassen die Schüler erst mit dem Klingeln den Raum, aber häufig genug fangen sie schon vorher an, ihre Sachen zusammenzupacken oder sich geistig bereits in die Pause zu verabschieden.

Lehrer beendet die Stunde!

› Tipp 10

Wie bekommt man das Problem in den Griff? Als Erstes müssen Sie den Schülern vorab Folgendes zu verstehen geben: Sie beenden die Stunde, nicht die Klingel (Tipp 10)! Zugegeben, das klingt banal, aber es ist ja noch nicht alles. Spielen Sie mit offenen Karten. Sagen Sie den Schülern, dass Sie heute versuchen wollen, mit ihnen konzentriert bis zum Ende der Stunde zu arbeiten. Verpacken Sie das Ganze als Herausforderung, indem Sie z. B. erwähnen, dass es viele Klassen gibt, die das nicht schaffen. Als Nächstes erklären Sie den Schülern den geplanten Ablauf. Sie bereiten sie also auf das vor, was nachher kommen wird (Tipp 27).

› Tipp 27

SOS-Tipp

Etwa zehn Minuten vor Unterrichtsende kündigen Sie an, dass es in zehn Minuten klingelt. Da jetzt erste Schüler anfangen zu packen, müssen Sie Ihre „Zeitansage“ ergänzen, indem Sie sagen: „Wir arbeiten weiter. Noch nicht einpacken und sitzenbleiben, bis ich die Stunde beende.“ Falls Sie feststellen, dass einige Schüler trotzdem früher Schluss machen, schauen Sie auf die Uhr und lassen die Schüler entsprechend später in die Pause. Diese Maßnahme sollten Sie natürlich vorher ankündigen und Eltern auf dem Elternabend erklären (Tipp 28).

› Tipp 28

Wenn das Arbeiten bis zum Klingeln geklappt hat, müssen Sie den Ablauf festigen. Schließlich soll es ja mehr sein als ein einmaliges Experiment. Die Schüler sollen verinnerlichen, dass die Stunde allein durch Sie, den Lehrer, beendet wird.

Ablauf festigen

Ist das geschafft, sollten Sie die Stunde etwas überziehen, denn die Schüler sollen ja nicht auf das Klingeln reagieren, sondern auf Ihr Signal. Gehen Sie zunächst nur leicht über das Klingeln hinaus, etwa 15 Sekunden. Auch das sollten Sie ankündigen, damit die Schüler beim Klingeln nicht unruhig werden. Dann können Sie es mit 30 Sekunden probieren, das genügt völlig. Wenn es klappt, sollten Sie die Klasse ausdrücklich loben.

Um die Ecke gedacht

Lassen Sie die Schüler während des Einübens dieses Ablaufs auch einmal etwas früher aus dem Raum, wenn Sie mit dem Stoff durch sind und die Schüler gut gearbeitet haben. Denn Sie sind eine Führungskraft und kein Sklave der Klingel.

43 Pausenaufsicht effektiv nutzen

Häufig sieht man Lehrkräfte, die nur an einer Ecke stehen oder wie regungslose Zombies zwischen den Schüler umherwandeln. Man sieht ihnen an, dass die Aufsicht für sie eine unangenehme Pflicht ist und sie keinen Kontakt zu den Schülern haben wollen. Sie wollen nur in Ruhe gelassen werden.

Publicity-Tour

Besser ist etwas anderes: Nutzen Sie die Pausenaufsicht! Versuchen Sie, die Pausenaufsicht nicht als lästiges Übel zu sehen: Die Aufsicht müssen Sie so oder so ableisten, warum sie also nicht zu Ihren Gunsten nutzen? Der Unterricht ist vorbei, die Schüler sind entspannt. Eine gute Gelegenheit, Kontakt zu Schülern aufzunehmen. Jedes Mal, wenn Sie eine Schülergruppe freundlich, aber bestimmt aus einem Raum schicken, bietet sich Ihnen die Möglichkeit, sich diesen Schülern bekanntzumachen: Die Pausenaufsicht ist Ihre Publicity-Tour, Sie stellen sich dabei auch den Schülern vor, die Sie bisher noch nicht aus dem Unterricht kennen (Tipp 14, 18).

› Tipp 14, 18

Gleich mal ausprobieren

Gehen Sie einmal in die Aufsicht und betrachten Sie es als „Bad in der Menge". Suchen Sie den Blickkontakt. Gehen Sie quer über den Schulhof oder durch die Pausenhalle. Sie zeigen sich demonstrativ und geben den Schülern die Sicherheit, die sie für ihr munteres Treiben benötigen. Sie nehmen von sich aus Kontakt mit den Schülern auf, indem Sie herumscherzen:

- „Los, raus nach draußen, die Liegestühle stehen schon!"
- „Na, was essen wir denn heute Leckeres?"

Sie finden sicher noch bessere Sprüche, aber sie sind ein Anfang. Wenn Sie einige Male so vorgegangen sind, wissen die Schüler: Unsere Aufsicht ist da, sie redet mit uns, wir kennen sie. Und damit ist die Pausenaufsicht keine verlorene Zeit mehr.

Immer am gleichen Platz

Es ist ratsam, Ihre Aufsichten immer in den gleichen Bereich des Schulgeländes zu legen, wenn möglich sogar auf den gleichen Tag. Sie müssen dann nicht lange überlegen, wo und wann Ihre Aufsicht stattfindet. Dienstags sind Sie bei den Fahrrädern, das wissen nicht nur Sie, sondern auch die Schüler.

Dieses Vorgehen hat noch einen Vorteil: Wenn Sie sich den Schülern einprägen, werden diese im Falle eines Unfalls, bei dem Sie auf der Toilette waren, sagen: „Wo Herr Meier gestern war, wissen wir nicht. Aber sonst ist der dienstags immer hier."

Damit sind Sie dann auch rechtlich auf der sicheren Seite. Denn natürlich dürfen Sie auch in der Pause auf die Toilette gehen, wenn Sie Aufsicht haben. Es darf nur nicht der Regelfall werden.

Um die Ecke gedacht

Es gibt einige Lehrer, die sich häufig vor ihrer Aufsicht drücken und stattdessen lieber ihren Kaffee im Lehrerzimmer schlürfen. Als Jurist kann ich mir eine Warnung nicht verkneifen: Wer dies mehrfach tut, der tanzt auf dünnem Eis. Daher die dringende Empfehlung: Nehmen Sie ihre Aufsicht wahr, den Kaffee können Sie ja mitnehmen.

Zweier-Teams bilden

44

Um als Lehrer mit einer Gruppe effektiv zu arbeiten, sollte die Enttäuschung darüber, dass etwas nicht verstanden wird, der Frage weichen, warum dies so ist und was man selbst machen kann, damit es beim nächsten Mal schließlich besser klappt.
Viele Lehrer brennen darauf, Kenntnisse zu vermitteln oder pädagogisch wertvolle Aktivitäten anzuregen. Dies ist nur bedingt erfolgreich, solange man nicht einige Regeln des effektiven Unterrichts beherrscht. Es geht nicht darum, den Stoff zu beherrschen, das ist eine banale Grundvoraussetzung. Es geht um Wege, den Stoff so zu vermitteln, dass er von den Schülern lernend aufgenommen wird (Tipp 51–53). Es geht also um die Bedingungen für eine optimale Aufnahme von Wissen (Tipp 11, 21, 29). Der einfachste und wichtigste Rat hierfür lautet: Bilden Sie Zweier-Teams!

› Tipp 51–53

› Tipp 11, 21, 29

Achtung!

Gruppenarbeit kann zwar keine Wunder vollbringen, zumal wenn die Hälfte der Schüler den Hals verdrehen muss, um den Lehrer zu sehen (Tipp 66). Aber Zweier-Teams sind etwas anderes. Sie sind überschaubar, persönlich und geben Sicherheit. Ein Schüler kann dem anderen Teamkameraden etwas erklären oder z. B. Arbeitsmaterialien für ihn einstecken.

› Tipp 66

Außenseiter einbeziehen Zweier-Teams bringen Schüler dazu, Verantwortung für einen anderen zu übernehmen und beugen somit der Isolation vor, insbesondere von Außenseitern.

Kameradschaft Damit dies wirklich gelingt, sollten *Sie* die Zweier-Gruppen festlegen. Denn es geht nicht darum, sich einen Freund auszusuchen. Es geht um den altmodischen Begriff der „Kameradschaft", den Sie den Schülern sicher erklären müssen: Freunde sucht man sich frei aus, Kameraden hat man infolge einer Zwangsgemeinschaft. Das hört sich härter an, als es gemeint ist. Aber die Schule ist durch die gesetzliche Schulpflicht tatsächlich eine solche Gemeinschaft, in der von Schülern verlangt werden kann, sich umeinander zu kümmern, selbst wenn man nicht miteinander befreundet ist.

Um die Ecke gedacht

Was hat dieser Tipp mit effektivem Lernen zu tun? Zum einen werden Sie als Lehrer durch die Arbeit in Zweier-Teams entlastet und können dort helfen, wo Sie am dringendsten gebraucht werden. Zum anderen gelingt es einem Mitschüler oft besser, einem anderen etwas zu erklären. Schüler wissen, wie Schüler denken. Und wenn durch die Erklärung eines Mitschülers der Lernprozess voran gebracht werden kann, warum denn nicht?

Die einmal gebildeten Zweier-Teams können Sie immer wieder einsetzen, z.B. bei der gegenseitigen Kontrolle eines verfassten Textes oder auch bei einem gemeinsamen Vortrag.

Zeit professionell planen

45

Voller Begeisterung nimmt der Lehrer das neue Schuljahr in Angriff. Anfangs läuft alles wunderbar, die Schüler interessieren sich, arbeiten mit, kommen voran. Die Zeit vergeht wie im Flug. Folglich wird der ursprünglich für die Klassenarbeit geplante Termin verschoben, weil man noch nicht so weit ist. Wie es der Zufall will, wird der Lehrer dann auch noch krank, sodass auch der neue Termin platzt. Mit Ach und Krach wird noch ein anderes Datum gefunden, aber die gesamte übrige Zeitplanung ist dahin. Das, was den Schülern als „Bonbon" versprochen worden ist, wird nicht mehr geschafft. Ein Gespräch über den Lernstand findet zu spät (oder gar nicht) statt (Tipp 61).

› Tipp 61

Die Konsequenz: Am Ende des Schuljahres ist der Lehrer völlig gestresst und weiß, abgesehen von seiner Krankheit, gar nicht so recht, warum.

Zeitmanagement

Tatsache ist jedoch: Der Lehrer hat, was die Termine angeht, von der Hand in den Mund gelebt, was zu erheblichem, aber vermeidbarem Stress führt. Dagegen kann professionelles Zeitmanagement leicht Abhilfe schaffen.

Stressverminderung

Als Profi weiß man aus Erfahrung, was auf einen zukommen wird – und stellt sich vorher darauf ein. So verhindert man ständige Nachbesserungen, die viel Unruhe und Unmut verursachen.

Professionelles Handeln bedeutet auch, effektiv zu arbeiten. Zwar kostet es etwa eine halbe Stunde pro Klasse, einen verlässlichen Terminplan zu erstellen, diese Zeit spart man aber am Jahresende spielend wieder ein – von der Stressverminderung ganz zu schweigen (Tipp 59).

› Tipp 59

Was sind nun die Prinzipien einer professionellen Terminplanung?

Terminplanung

1. Mindestens zehn Prozent der verfügbaren Zeit vor den Klassenarbeiten als „Puffer" einkalkulieren. Es fällt immer etwas aus. Sei es durch eine überraschende Tagesfahrt, einen Theaterbesuch oder die eigene Erkrankung.
2. Die Termine für frei terminierbare Klassenarbeiten langfristig vorher festlegen. Wer weiß, dass er in zwei Wochen eine Arbeit schreiben lassen muss, weil der Termin schon fest eingetragen ist, der wird den Stoff bis dahin auch schaffen.
3. Das Leistungsgespräch nie auf den letztmöglichen Termin des Halbjahres legen, sondern immer mindestens eine Stunde davor.

4. Für Schülerpräsentationen die doppelte Zeit einplanen, denn häufig gibt es Probleme. Und nichts ist schlimmer als ein halb gehaltenes Referat, in das es hineinklingelt. Dann kommt Hektik auf und die Schüler erwarten von *Ihnen* eine Lösung des Problems (Tipp 42).

› Tipp 42

SOS-Tipp

Was macht man, wenn ein Schülerreferat von mehreren ausfällt? Die folgenden Referate nach hinten zu schieben, ist ungünstig, denn sollte ein weiterer Ausfall eintreten, ist die ganze Terminplanung dahin. Das wird man Ihnen ankreiden. Sie müssen also für die Einhaltung der Termine sorgen, d.h.: Alle anderen Referate finden wie geplant an ihren vorgesehenen Terminen statt. Danach kann man schauen, ob sich für das ausgefallene Referat noch eine Lücke findet.

5. Für sogenannte U-Boote, also Probleme, die überraschend auftauchen, gilt: Nur einmal „in die Hand nehmen" und möglichst gleich erledigen, sonst werden solche Dinge zu Zeitfressern, wenn man sie immer wieder überfliegt und immer wieder weglegt, um sie irgendwann später zu bearbeiten.

Curriculum entspannt erfüllen

46

„Ich weiß nicht, wie ich das alles schaffen soll! Wenn ich das Curriculum anschaue, erschlägt es mich. Seitenlang wird detailliert aufgelistet, was die Schüler alles können sollen. Wenn ich das alles gründlich erarbeiten sollte, bräuchte ich mindestens doppelt so viel Zeit."

Tatsächliche Stundenanzahl

Aber nicht nur Sie, sondern auch die Schöpfer der Curricula. Diese werden offenbar von dem Gedanken geleitet: „Alles ist wichtig!" Also wird alles Mögliche hineingestopft und heraus kommt eine völlige Überfrachtung. Dies liegt wohl auch daran, dass man sich an höherer Stelle nicht klarmacht,

dass die theoretisch zur Verfügung stehende Zeit sich nicht mit der tatsächlichen deckt.
Beispiel Sachunterricht: Bei etwa 38 Schulwochen stehen dafür theoretisch 114 Stunden zur Verfügung. Jedoch muss man grundsätzlich mit Ausfällen rechnen (Tipp 45), wie z. B. Klassenfahrt, Projektwoche, zusätzliche Ferientage, Tagesfahrt, Sportfest, Museumsbesuch, eigene Erkrankung, Weihnachtsfeier. Zählt man dies zusammen, verbleiben von den 114 theoretischen Stunden faktisch nur 95 Stunden. Das sind fast 20 Prozent weniger, die Stunden für das Schreiben von Klassenarbeiten nicht einmal mitgerechnet.

› Tipp 45

Wer versucht, den Unterrichtsstoff bei fast 20 Prozent weniger als der vorausgesetzten Zeit abzuleisten, wird sich und seine Schüler ständig hetzen, aber wenig schaffen. Die Schüler haben viele Themen angerissen, beherrschen aber nichts wirklich. Haben Sie deshalb Mut zur Lücke! Reduzieren Sie den Stoff!

Mut zur Lücke!

Finden Sie heraus, wo die Schwerpunkte des Curriculums liegen und behandeln Sie diese auch wie solche, nämlich gründlich. Vom verbleibenden Rest haben Sie vermutlich eine Hälfte bereits abgearbeitet, ohne es zu merken. Die andere Hälfte hängen Sie irgendwo dran und koppeln sie mit anderen Inhalten.

Achtung!

Denken Sie immer daran: Sie sind kein Lohnarbeiter, sondern pädagogische Führungskraft (Tipp 4). Solange nicht vorgeschrieben ist, wie viele Stunden für welchen Inhalt zu verwenden sind, setzen Sie die Schwerpunkte.
Bleiben Sie souverän und entspannt. Schließlich kennen Sie Ihre Schüler am besten und können am besten beurteilen, welcher Inhalt wie ausführlich behandelt werden muss, damit Sie das Ziel erreichen (Tipp 47). Und mit den Besonderheiten Ihrer Lerngruppe können Sie notfalls auch begründen, warum Sie länger an einem Thema gearbeitet haben.

› Tipp 4

› Tipp 47

47 Wiederholen, wiederholen!

Nachdem der Lehrer den Schülern die Trennungsregeln erklärt hat, geht es weiter im Stoff. Auch in den nächsten Stunden geht er nicht mehr darauf ein. Schließlich hat er den Schülern die Regeln ja ganz in Ruhe erklärt. Wirklich. Aber deshalb anzunehmen, die Schüler könnten die Regeln jetzt auch anwenden, ist vermutlich ein Hauptfehler, den viele Lehrer machen.

Um die Ecke gedacht

› Tipp 3

Dieser Irrglaube entsteht durch eine praxisferne Lehrerausbildung, die davon ausgeht, Schüler seien kleine Erwachsene (Tipp 3). Das Wiederholen von Regeln wird dabei als Tätigkeit angesehen, die man als anspruchsvoller Lehrer besser vermeidet. Stattdessen sollte man vermutlich über die Regeln diskutieren und sie problematisieren. Allerdings regt sich kein vernünftiger Mensch darüber auf, dass

- ein Dirigent mit seinem Orchester viele Male übt,
- ein Zauberer seine Tricks bis zur Perfektion übt,
- ein Pilot viele Stunden im Simulator übt.

Obwohl alle diese Erwachsenen ihre Tätigkeit eigentlich schon können, üben sie stundenlang und es wird akzeptiert. Aber bei Kindern soll das anders sein? Das erscheint naiv.

› Tipp 41

Schüler wollen wiederholen

Kein Schüler beherrscht eine Regel, nachdem er sie ein oder vielleicht auch zwei Mal angewendet hat. Das Geheimnis des Erfolgs lautet daher: Wiederholen, wiederholen, wiederholen! Damit Kernsätze oder Regeln wirklich „sitzen“, muss man sie mindestens acht bis zehn Mal üben (Tipp 41). Erstaunlicherweise haben Schüler damit keine Probleme, nur viele Lehrkräfte kommen sich dabei seltsam vor, weil sie Wiederholungen als etwas Minderwertiges ansehen. Aber sie sind für den Lernerfolg zwingend notwendig. Und das Beste: Die Schüler lieben sie!

Gleich mal ausprobieren

Und womit beginnen Sie die nächste Stunde? Na klar, mit der mehrfachen Wiederholung einer Regel. Das festigt nicht nur das Gelernte, sondern gibt den Schülern zugleich ein Erfolgserlebnis und einen positiven Stundenbeginn:
Lassen Sie einen Kernsatz oder eine wichtige Regel von unterschiedlichen Schülern wiederholen. Brechen Sie nicht vorschnell ab, weil Sie meinen, nun reiche es. Lassen Sie die Regel anfangs immer im selben Wortlaut wiederholen, dann wandeln Sie ihn ab. Loben Sie kurz jeden Schüler, der richtig wiederholt. Fangen Sie mit besseren Schülern an und gehen Sie dann zu schwächeren Schülern über.
Erhöhen Sie nun das Tempo – und achten Sie auf die Schüler: Sie beginnen zu lachen, weil es ihnen komisch erscheint, eine Regel einfach zu wiederholen. Dann aber fangen sie an, sich zu freuen, weil sie merken, dass sie dabei sind, etwas intensiv zu lernen. Zwar ist es nur ein Satz, nur eine Regel, aber weil diese Regel jetzt „sitzt“, ist das mehr, als sie aus manch anderer Stunde mitnehmen.

48 Zeit zum Antworten geben

So gut Tempo beim Wiederholen einfacher Regeln ist, so schädlich ist es in anderen Situationen. Vor allem nachdem sie eine Frage gestellt haben, machen viele Lehrer den Fehler, nicht lange genug zu warten. Das ist begreiflich, denn als Lehrkraft möchte man eine möglichst schnelle Rückmeldung als Indiz dafür, dass die Frage verständlich war.
Der erste Schüler, der sich auf die Frage meldet, stellt somit die Rettung dar. Er belegt die Angemessenheit der Frage und erlöst alle vom Schweigen. Dadurch erlaubt er dem Lehrer, mit dem Unterricht fortzufahren – bei dem bestehenden Zeitdruck ein kaum zu überbietendes Argument. Trotzdem gilt generell: Warten Sie bei Fragen deutlich länger!

Bei Fragen länger warten

Die Entscheidung, den ersten sich meldenden Schüler dranzunehmen, spart zwar Zeit, hat aber auch Nebenwirkungen.

Vermutlich sind es immer wieder die gleichen Schüler, die sich schnell melden. Da sie vom Lehrer Bestätigung erfahren, indem er sie gleich aufruft, wird das ihre Meldebereitschaft festigen oder sogar steigern (Tipp 35).

› Tipp 35

Als Folge davon wird es jedoch für Schüler, die nicht so schnell sind, immer uninteressanter, sich zu beteiligen. Sie wollen vielleicht erst im Geist überprüfen, ob ihre Antwort wirklich richtig ist. Ihnen geht Sorgfalt bzw. Gewissheit vor Schnelligkeit.

Allgemeine Beteiligung sicherstellen

Falls Sie diese Einstellung unterstützen möchten, sollten Sie auch langsameren Schülern eine Chance geben, sich zu melden und ihren Beitrag vorzustellen. Dazu müssen Sie länger warten. Aber wie lange ist „länger"?

Warten Sie auf ein Drittel

Eine Möglichkeit ist, nach der Frage stumm bis zehn zu zählen, eine andere, geduldig zu warten, bis sich mindestens ein Drittel der Klasse meldet. Geschieht das sofort, wartet man weitere zehn Sekunden, um auch den Langsameren eine Chance zu geben.

Tritt der Fall ein, dass man nach der Fragestellung zehn Sekunden wartet und es melden sich nicht mehr als zwei oder drei Schüler, sollte man die Frage umformulieren, um eine höhere Beteiligung zu erzielen.

Beteiligung steigern

In manchen Klassen ist es wirklich schwierig, die mündliche Beteiligung zu steigern. Aber gerade dort sollte man die Wartezeit verlängern. Manchmal ist man danach völlig überrascht: Es gehen Finger von Schülern hoch, von denen man es nicht erwartet hätte (Tipp 29).

› Tipp 29

Achtung!

Natürlich muss man Schülern, die sich schnell melden und die man dennoch nicht aufruft, eine positive Rückmeldung geben, damit sie sich in Zukunft nicht beleidigt zurückziehen. „Danke, hab' ich gesehen, aber ich warte noch auf ein paar andere", ist eine dieser Möglichkeiten. In einer ruhigen Minute sollte man den „schnellen" Schülern das eigene Vorgehen erläutern und Verständnis dafür wecken, dass man ihre Meldung zwar zur Kenntnis nimmt, sie aber zurückstellt, um Langsameren eine Chance zu geben.

49

Wann wird es im Unterricht unruhig bzw. laut? Vor allem bei Lehrervorträgen oder Unterrichtsgesprächen. Aber man muss die Schüler verstehen: Das Unterrichtsgespräch ist für sie wie eine Talkshow im Fernsehen und damit ziemlich uninteressant. Schließlich wird da „nur geredet", und zwar überwiegend vom Lehrer und einigen Schülern.
Wenn man diese verbreitete Schülersicht zur Kenntnis nimmt und ihr entgegenwirken will, drängt sich eine Möglichkeit auf: Die Schüler mehr schreiben lassen!

Schreiben beruhigt

Mit „schreiben lassen" ist nicht das Ausfüllen von Lücken in Arbeitsbögen gemeint. Wer seinen Unterricht darauf stützt, wird von einem Arbeitsblatt zum nächsten hetzen (Tipp 11). Während das Ausfüllen von Lücken zu einem kurzschrittigen Arbeiten führt, erfordert das Schreiben eines durchgehenden Textes eine länger anhaltende Aufmerksamkeit und beruhigt die Schüler.

› Tipp 11

Beim Stellen einer schriftlichen Aufgabe ist mit Widerstand zu rechnen, denn deutsche Schüler begreifen das Schreiben zu Recht als anstrengende Arbeit und erwarten, dass man ihnen das Leben erleichtert. Aber Lehrer sind nicht dazu da, den Schülern die Arbeit abzunehmen. Lehrer organisieren das Lernen, sie leiten es in die richtigen Bahnen.

Um die Ecke gedacht

Ein Blick nach Asien: Fragt man nach der Basis für schulischen Erfolg, so nennen die Schüler dort: „Harte Arbeit", deutsche Schüler dagegen antworten: „Intelligenz". Mit anderen Worten: Wer sich für intelligent hält, hat es nicht nötig, hart zu arbeiten – und wer es nicht ist, braucht es gar nicht zu versuchen. Diese Einstellung bewirkt, dass viele deutsche Schüler nicht ernsthaft arbeiten. Da Lernen aber geistige Anstrengung erfordert, ist der asiatische Ansatz besser. Man bereitet nämlich Schüler nicht aufs Leben vor, indem man ihnen ständig die Hindernisse aus dem Weg räumt, sondern nur, indem man sie fordert und ihre Kräfte stärkt (Tipp 13).

› Tipp 13

Das Argument einiger Lehrer zum längeren Schreiben: „Das mache ich als Hausaufgabe, warum wertvolle Unterrichtszeit dafür verschwenden?“ Seien wir einmal ehrlich: Die meisten Hausaufgaben werden nicht mehr zu Hause angefertigt, sondern in der Schule, meist kurz vor dem Unterricht (Tipp 24, 57).

› Tipp 24, 57

Schreibkompetenz erhöhen

Wer also möchte, dass seine Schüler lernen, konzentriert zu schreiben, wird nicht umhinkommen, dafür auch Unterrichtszeit zu investieren. Diese Zeit ist aber nicht verloren, denn die meisten Kollegen wissen, welche Defizite viele Schüler hinsichtlich ihrer Schreibkompetenz haben.

SOS-Tipp

Auch das Diktieren durch den Lehrer ist nicht ehrenrührig, sogar das Abschreiben aus einem Buch bringt etwas. Es verbindet intensives Lesen mit genauem Hinschauen und der Aneignung bestimmter Formulierungen.

Hilfe-Schild einsetzen

50

Grundsätzlich ist es sinnvoll, dass Schüler sich melden, wenn sie etwas wollen. Allerdings ist das Melden nicht immer die beste Lösung, um Hilfe zu fordern: Stellen Sie sich eine Klasse vor, die gerade eine Stillarbeit erledigt. Eine Hand geht hoch, ein Schüler meldet sich. „Was gibt es?“, fragt der Lehrer. „Können Sie mal kommen?“ Die Klasse unterbricht die Arbeit, schaut auf den Schüler und den Lehrer, der zu dessen Platz geht. Danach setzt die Klasse die Arbeit fort, bis die nächste Hand nach oben geht. Ein zweiter Schüler meldet sich. „Ja, was gibt es?“, fragt der Lehrer wieder. „Das geht nicht“, stöhnt auch schon ein dritter Schüler. Die Klasse unterbricht die Arbeit und wartet interessiert ab, was passiert. „Natürlich geht das. Ich zeig dir, wie du das machen musst“, antwortet der Lehrer und steht nun dem dritten Schüler zur Seite.

Positiv ist, dass der Lehrer den Schülern hilft, negativ ist, dass dabei jedes Mal die gesamte Klasse aus ihrer Arbeit herausgerissen wird. Denn immer, wenn gesprochen wird, kommt es automatisch für alle zu einer Unterbrechung der Arbeitsphase.

Unterbrechung der Arbeitsphase

Dieser Effekt legt nahe, nach Wegen zu suchen, wie den Schülern geholfen werden kann, ohne den Arbeitsprozess der restlichen Gruppe zu unterbrechen. Besonders zu empfehlen: Nutzen Sie das dreiseitige Hilfe-Schild! Es besteht aus starkem Papier oder leichtem Karton, aus dem man ein dreiseitiges Gebilde zusammenklebt. Die drei Seiten werden wie folgt gekennzeichnet bzw. beschriftet:

1. Fläche: bleibt frei, z. B. weiß
2. Fläche: Schriftzug „Bitte Hilfe!"
3. Fläche: Schriftzug „Bitte weiterarbeiten!"

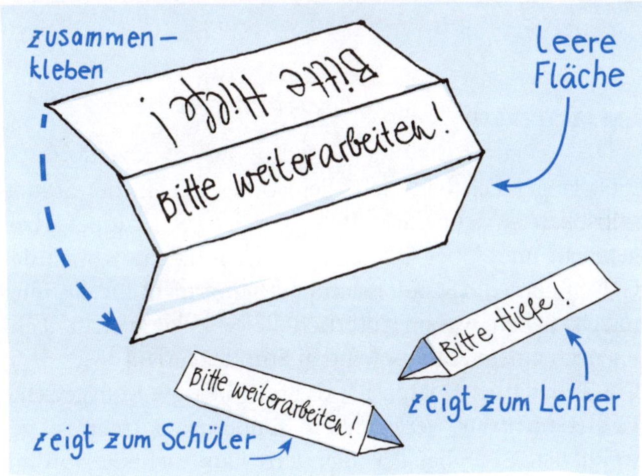

Das Besondere an diesem Hilfsmittel besteht darin, dass in dem Moment, wenn der Schüler das Schild mit der „Bitte Hilfe!"-Seite zum Lehrer dreht, ihm selbst die Seite zugewandt ist, auf der „Bitte weiterarbeiten!" steht. Er wird also daran erinnert, seine Arbeit nicht einzustellen, sondern an einer anderen Stelle so lange weiterzuarbeiten, bis der Lehrer zu ihm kommt, um ihm zu helfen.

Weiterarbeiten!

Gleich mal ausprobieren

Wenn Sie mit dem Hilfe-Schild arbeiten wollen, ist es am besten, wenn Sie zu Hause ein Muster anfertigen, damit die Schüler eine Vorlage haben und die beiden Schriftzüge richtig aufbringen.

51 Unterricht dramatisieren

„Seit langer Zeit hatte ich alles vorbereitet. In der Stunde selbst hab ich dann die Methode gewechselt, Gruppenarbeit gemacht und Arbeitsblätter verteilt. Trotzdem hab ich das Gefühl, dass die Schüler sich überhaupt nicht für das interessiert haben, was im Unterricht lief“, beklagt sich der Lehrer nach einem enttäuschenden Stundenverlauf.

Haltung wird gespiegelt

Das Bedauerliche daran ist, dass der besagte Kollege seine Fächer nicht aus Verlegenheit, sondern aus Interesse gewählt hat. Aber bei den Schülern kam nichts davon an, folglich reagieren sie nach der Devise: „Wenn schon die Lehrkraft nicht vom Thema begeistert ist, weshalb soll es uns dann interessieren?“

› Tipp 14

Deshalb: Denken Sie an die „Spiegelzellen“ (Tipp 14)! Unsere Einstellung, unser Verhalten wird von den Schülern gespiegelt. Eine distanzierte Haltung gegenüber dem vermittelten Stoff wird auch eine unbeteiligte Haltung bei den Schülern hervorrufen.

Das Showbusiness zum Vorbild nehmend, bedeutet dies für den schlichten Schulalltag: Wenn immer möglich, dramatisch arbeiten! Falls Sie fürchten, damit auf das Niveau eines Unterhaltungskünstlers zu sinken, seien Sie beruhigt: Ein dramatischer Aufbau muss nicht unbedingt einen Qualitätsverlust bedeuten. Allerdings werden alle Informationen besser aufgenommen, wenn man ein paar Grundregeln beherzigt (Tipp 44):

Grundregeln

› Tipp 44 Menschen interessieren sich für Menschen!

1. Menschen interessieren sich für Menschen! Diesen Satz sollten Sie nie vergessen, denn er ist doppelt wichtig. Zum einen erklärt er das Interesse der Schüler an Ihrer Person und Ihren Gefühlen. Wenn Sie begeistert sind, wird es auch für die Schüler interessant. Zum anderen kann man viele Inhalte über Personen vermitteln. Mathematik kann man über die Lebensläufe von Enrico Fermi oder Adam Riese zum Leben erwecken, sachunterrichtliche Erkenntnisse z. B. über das Leben von Entdeckern.
2. Hat man keine Menschen, personalisiert man eben. Selbst in ein so trockenes Gebiet wie die Grammatik kann man Leben bringen, indem man die beiden Teile des Prädikats „er hat Brot gegessen“, als Lebewesen darstellt, die nun leider auseinandergerissen werden. Selbst mathematische Größen lassen sich personalisieren und können den Wunsch haben, sich zu vergrößern oder zu verkleinern.
3. Arbeiten Sie mit Spannung wie Radio und Fernsehen. Das geht ganz einfach: Zuerst wird etwas Aufregendes angekündigt, dann wird verzögert. Jeder weiß, was passiert, wenn der Kommissar zum Tatort kommt und dort einen Verletzten findet. Nachdem dieser röchelt: „Es war ...“, wird er bewusstlos oder das Handy des Kommissars klingelt. Ähnlich im Radio: Nachdem der Radiomoderator die sensationelle Trennung zweier Prominenter angekündigt hat, wird er sagen: „Dazu gleich mehr nach dem nächsten Lied.“ Meistens ist es mehr als nur ein Lied, aber es wirkt. Diesen Trick kann man auch für den Unterricht nutzen, indem man etwas Interessantes ankündigt, dann aber erst etwas anderes, Notwendigeres, vorzieht. Das ist nicht ehrenrührig.

Spannung aufbauen

Pausen

4. Setzen Sie gezielt Pausen ein. Viel zu häufig geben Lehrer gleich oder nach sehr kurzer Pause selbst die Antwort. Verlängern Sie Ihre Sprechpausen (Tipp 48). Wer seinen Schülern schlicht sagt, dass Marco Polo Nudeln und Papier nach Europa gebracht hat, verschenkt seine Möglichkeiten. Lassen Sie nach der Frage Vermutungen anstellen, geben Sie Tipps, um die Schüler auf die richtige Fährte zu bringen, aber geben Sie erst die Lösung, wenn trotz Hilfen keiner darauf kommt (Tipp 56).

›Tipp 48

›Tipp 56

Fragen als Quiz

5. Präsentieren Sie Fragen als Rätsel, als Quiz, z. B. im Stile von „Wer wird Millionär". Der große Vorteil: Die Schüler haben bei einem Ratespiel deutlich weniger Hemmungen, vielleicht eine falsche Antwort zu geben. Zugleich haben Sie, falls mehrere Antworten möglich erscheinen, einen wunderbaren Anknüpfungspunkt für eine sinnvolle Diskussion, in der die Schüler gefahrlos das Für und Wider der einen oder anderen Antwort abwägen können.
6. Wählen Sie komische oder absurde Beispiele, denn sie bleiben deutlich besser im Gedächtnis haften als „normale". Haben Sie keine Scheu zu übertreiben. Wenn Sie die Schüler durch die ungewohnte Darbietung zum Lachen bringen, so ist das bereits „die halbe Miete". Die Schüler erleben durch Sie nicht nur ein angenehmes Gefühl, sie verankern auch den Unterrichtsstoff besser im Gedächtnis (Tipp 14, 21).

›Tipp 14, 21

52 Mit Reimen leichter lernen

- „Wer nämlich mit „h" schreibt, ist dämlich."
- „Gar nicht wird gar nicht zusammengeschrieben."

Sicher könnten Sie endlos so weitermachen und sich und den Schülern verschiedene Inhalte so hemmungslos ins Hirn hämmern.

Warum bleiben diese Merksätze im Gedächtnis? Weil sie didaktisch optimal sind: Sie sind kurz und arbeiten mit Reimen, Alliterationen oder einem rhythmischen Aufbau.

Wer als Lehrer begreift, dass das Klangmuster die Aufnahme von Informationen erschweren oder begünstigen kann, der wird von nun an Folgendes versuchen: Merksätze sprachlich eingängig zu formulieren.

Eingängiges Klangmuster

Sie meinen, das sei schwierig? Gar nicht. Zum einen gibt es bereits viele Merksätze, die einfach nur in Vergessenheit geraten sind. Zum anderen müssen Sie Merksätze ja nicht alleine formulieren. Binden Sie die Schüler mit ein, denn Schüler wissen am besten, wie Schüler denken (Tipp 44).

Schüler einbinden

› Tipp 44

Auch das folgende Verfahren hilft, sich Merksätze besser einzuprägen: Das gute alte Chorsprechen, das man lange ablehnte, weil es so wenig individualistisch war. Aber es befindet sich wieder im Aufwind, zumindest im Fremdsprachenunterricht.

Es hat unbestreitbare Vorzüge, denn das laute Sprechen eines Merksatzes verankert diesen viel besser im Gedächtnis als das bloße Hören. Und da man schlecht alle 30 Schüler einzeln einen Merksatz wiederholen lassen kann, bietet sich das Chorsprechen an. Wenn alle Schüler gleichzeitig sprechen, entsteht zugleich ein markanter Rhythmus. Günstig ist es, wenn der Lehrer den ersten Teil als Frage vorgibt und die Schüler dann auf ein Zeichen im Chor antworten.

Chorsprechen

Gleich mal ausprobieren

Nachdem einzelne Schüler einen Merksatz wiederholt haben, könnten Sie sagen: „Und jetzt alle zusammen!" Falls dieses Chorsprechen noch etwas schüchtern klingt, weil die Schüler von Ihrer Dynamik überrascht sind, steigern Sie das Ganze, indem Sie fragen oder sagen: „Wie war das noch?" oder „Nicht so zaghaft!" Was meinen Sie, wie die Schüler sich ins Zeug legen!

Darüber hinaus haben stillere Schüler beim Chorsprechen die Möglichkeit, sich in der Gruppe zu „verstecken". Obwohl auch sie laut sprechen, hört man sie nicht. Diese Tatsache ist z. B. für den Fremdsprachenunterricht wichtig, da einzelne Schüler nun nicht befürchten müssen, wegen einer falschen Aussprache bzw. Betonung ausgelacht zu werden.

Schutz in der Gruppe

Die Kraft der Bilder nutzen

53

Wie sagen die Chinesen so treffend: „Ein Bild sagt mehr als tausend Worte." Trotzdem versuchen es einige Lehrer mit Tausenden von Worten. Schließlich ist die Kunst der freien Rede untrennbar mit dem Lehrerberuf verbunden. Wer daran keinen Spaß hat, ist im falschen Beruf. Es ist grundsätzlich auch richtig, dem Wort den Vorrang vor dem Bild zu geben, denn Worte sind oft abstrakt und stärker vergeistigt, während Bilder häufig konkret und viel leichter zu verstehen sind.

Bild sagt mehr als tausend Worte

Also nur Bilder zeigen?, werden jetzt vielleicht einige fragen. Soll ich mich auf das Niveau irgendwelcher Klatschblätter oder der Bild-Zeitung begeben? Natürlich nicht. Jeder Unterrichtsinhalt soll so differenziert behandelt werden, wie es seiner Komplexität entspricht. Aber es geht um die Frage, wie es besser gelingen kann, wichtige Inhalte im Kopf der Schüler *zu verankern*. Eben dafür ist das Bild ein wunderbares Hilfsmittel (Tipp 51).

› Tipp 51

Optische Reize

Man mag es ignorieren oder verdammen, aber die heutigen Schüler leben in einer Welt, die stark von optischen Reizen geprägt ist. Zudem bleiben verbale Informationen besser im Gedächtnis, wenn sie mit einem optischen Reiz verknüpft sind. Wer also das von ihm Gesagte besser in den Köpfen der Schüler verankern will, kommt an folgendem Tipp nicht vorbei: Arbeiten Sie verstärkt mit Bildern!

Damit sind sowohl konkrete als auch übertragene Bilder gemeint. Bilder sprechen nicht nur die linke, sondern auch die rechte Gehirnhälfte an und schaffen somit eine „ganzheitliche" Erkenntnis. Zudem werden nicht nur beide Lernkanäle angesprochen, sondern der Blick wird auch auf den Lehrer gelenkt.

Im Fremdsprachenunterricht, in der Regel Englisch

Flashcards nutzen

Zunächst zeigt man Text und Bild nebeneinander, danach kommt der Sprung zu den sogenannten Flashcards. Das sind beidseitig bedruckte bzw. bemalte Karten in DIN-A4-Größe. Auf der einen Seite findet sich ein prägnantes Bild, auf der anderen ein sehr kurzer Text, z. B. eine englische Vokabel. Durch Drehen der Karte kann die Lehrkraft nun wahlweise die eine oder die andere Seite zeigen und so die jeweils andere Information im Gehirn erzeugen.

Im Sachunterricht

Man könnte z. B. das Bild einer Spinne nehmen und auf die Rückseite die Zahl 8 schreiben. Wer damit einige Male arbeitet, wird wesentlich dazu beitragen, dass die Schüler sich dauerhaft einprägen, dass Spinnen 8 Beine haben (und nicht 6 – das sind Insekten).

Um die Ecke gedacht

Dieses wirksame Verfahren kann man auch auf Arbeitsanweisungen oder Verhaltensweisen übertragen: Ein Heft mit Stift für einen schriftlichen Arbeitsauftrag oder einen Finger, der über die Lippen gelegt ist, um Ruhe zu erzeugen (Tipp 67).

› Tipp 67

Die erstellten Flashcards kann man in der Fachgruppe austauschen, sodass die Schüler für wichtige Kerninformationen immer wieder die gleichen Karten sehen.

Achtung!

Natürlich sollte man kein Daumenkino daraus machen, indem man 37 Karten in einer Stunde zeigt. Einige wenige Karten pro Stunde genügen vollkommen.

Kopf-Kino

Von konkreten sichtbaren Bildern nun zu denen, die nur im Kopf entstehen, aber genauso wirksam sind. Geschickt gewählt, prägen sie sich so ein, dass man sie kaum wieder vergisst. Sie wollen ein Beispiel? Die Erziehung. Es gibt ganze Bücher darüber, aber was bleibt im Gedächtnis haften? Ganz anders bei einem Bild: Die Erziehung ist *wie das Angeln eines großen Fisches*. Sie haben ihn an der Angel und wollen ihn herausbekommen, aber er ist kräftig.

Wenn Sie die Leine loslassen, schaffen Sie es nicht. Sie bekommen ihn aber auch nicht an Land, wenn Sie wild an der Kurbel drehen, denn dann könnte die Angelschnur reißen. Das Geheimnis besteht darin, beides zu kombinieren. Mal geben Sie etwas nach, mal ziehen Sie die Leine zu sich heran. Wichtig ist nur, dass Sie mehr ziehen, als Sie nachgeben. Das ist, in ein Bild gebracht, das Prinzip der Erziehung. Vereinfacht, aber einprägsam (Tipp 87).

› Tipp 87

54 Die Kunst, richtig „bitte" zu sagen

An Hochschulen und in der Referendarausbildung wird den von Natur aus höflichen Lehrern die professionelle Höflichkeit häufig so „eingeimpft", dass von Ihnen gestellte Arbeitsaufträge oft nur noch mit geübtem Auge als solche zu erkennen sind: Der letzte Schrei sind „stumme Impulse", aus denen die Schüler raten sollen, was sie wollen sollen.

Höflichkeit

„Nun gut", argumentieren die „Belehrer" der Lehrer, „dann bitte ein ausformulierter Arbeitsauftrag, aber immer mit dem Wörtchen ‚bitte' garniert." Dagegen ist nichts zu sagen, denn höfliche Umgangsformen zu vermitteln, ist ein unverzichtbarer Bestandteil schulischer Erziehung. Jedoch gibt es bei der Aufforderung, das Wörtchen „bitte" zu verwenden, ein kleines Problem: Man sagt den angehenden Lehrern leider nicht, welches der drei „Bitte" gemeint ist.

3 Formen von „Bitte"

Und so erlebt man immer wieder Lehrkräfte, die das falsche „Bitte" verwenden und sich als pädagogische Bittsteller über die Reaktion der Schüler wundern:

- Das erste Bitte entspringt einer untergeordneten Position. Derjenige, der in der niedrigeren Position ist, bittet um etwas. Beispiele hierfür wären der Falschparker, der die Politesse um Nachsicht bittet oder das kleine Kind, das seine Eltern bittet, länger aufbleiben zu dürfen.
- Das zweite Bitte wird von etwa gleichberechtigten Partnern benutzt. So z. B. wenn ein Lehrer einen anderen bittet, ihm den Raum zu überlassen, weil er dort einen Film zeigen möchte (Tipp 81). Dahinter steckt in der Regel ein unausgesprochenes Tauschgeschäft nach dem Motto: Wenn du mir heute entgegenkommst, tue ich dir morgen einen Gefallen.
- Das dritte Bitte entspringt einer übergeordneten Position und hat nur kosmetischen Charakter. Es ist eigentlich eine Anweisung, aber man möchte diese ein wenig versüßen, um dem Gegenüber das Befolgen der Weisung psychologisch zu erleichtern.

›Tipp 81

Wie erkennt man nun die drei Varianten? Ganz einfach: vor allem am Tonfall. Da Schüler am Tonfall des Lehrers den dahinterstehenden Willen erkennen (Tipp 61, 70, 73), spüren sie ein unsicheres, bittendes Bitte und verhalten sich entsprechend: Sie befolgen den Arbeitsauftrag, wenn sie Lust dazu haben, ansonsten unterhalten sie sich lieber mit ihrem Nachbarn.
Wer also als höfliche Lehrkraft regelmäßig „bitte" verwendet, aber den Eindruck hat, die Schüler würden dies nur als Vorschlag verstehen, der möge bitte Folgendes versuchen: Bitte ein befehlendes Bitte!

Tonfall entscheidend

›Tipp 61, 70, 73

Um die Ecke gedacht

Zur juristischen Unterfütterung des Tonfalls: Sie müssen die Schüler nicht wirklich um etwas bitten, denn als Lehrkraft sind Sie weisungsbefugt. Sie dürfen jede Anweisung geben, die für Ihren Unterricht gerechtfertigt ist. Sie sind die verantwortliche Führungskraft – und das sollte man auch aus Ihrer Stimme und Ihrem „Bitte" heraushören.

> Tipp 4

Das funktioniert allerdings nur, wenn ein entsprechendes Selbstverständnis dahintersteht (Tipp 4). Wer meint, er sei als Lehrkraft jemand, der die Schüler tatsächlich bitten müsse, ein Arbeitsblatt auszufüllen, der spricht auch so.

55 Lob ohne Leistung ist Lüge

Es ist ja richtig. Früher wurde in der Schule fast nur kritisiert. Ordentliche oder recht gute Leistungen wurden als Standard einfach vorausgesetzt, über die man kein Wort verlor. Nur wenn etwas außergewöhnlich gut war, gab es ein knappes Lob.

Niedrige Frustrationsgrenze

Das war damals möglich, weil das Elternhaus hinter der Schule und ihren Prinzipien stand und die Schüler ständig anspornte. Heute sehen viele Eltern allein die Schule in der Pflicht, ihren Kindern eine vernünftige Arbeitshaltung zu vermitteln. Und so trifft man in der staatlichen Regelschule auf Schüler, deren Frustrationsgrenze extrem niedrig liegt.

Inflation des Lobes

Die Konsequenz, die hieraus oft gezogen wird, ist genau so falsch wie das frühere ständige Kritisieren: Es soll gelobt werden, und zwar immerzu. Das ist zwar nett gemeint, führt aber zu einer Inflation des Lobes und macht es damit quasi wertlos. Aber ein wertloses Lob spornt nicht an, sondern verkommt zur Floskel, denn so dumm sind Schüler nicht, dass sie nicht einschätzen könnten, welche Arbeit sie in eine bestimmte Sache investiert haben. Deshalb: Lob ohne Leistung ist Lüge!

Abgestuft loben

> Tipp 26

Man sollte sich sehr genau überlegen, wofür man welches Lob aussprechen will. Dazu gehört zunächst ein abgestuftes Repertoire (Tipp 26). Wer immer alles „total super toll" findet, reduziert seinen Werkzeugkasten auf den großen Hammer und hält die Schüler für unsensibler, als sie sind. Sie können nämlich (passiv) recht genau zwischen unterschiedlichen Formulierungen unterscheiden, selbst wenn das in ihrem eigenen Sprachgebrauch nicht sichtbar wird.

Um die Ecke gedacht

Wer über ein abgestuftes sprachliches Repertoire verfügt, sollte sich überlegen, welchen Stellenwert er bestimmten Schülerleistungen zumisst. Wem würden Sie das größere Lob zukommen lassen, einem Schüler, der spontan eine tolle Idee geäußert hat oder einem Schüler, der eine ausführliche, sorgfältige Hausaufgabe angefertigt hat (Tipp 11)? Wenn man Schüler zum Arbeiten bringen will, erscheint es sinnvoll, das Lob stärker an der investierten Arbeit auszurichten und weniger am Reden.

› Tipp 11

SUGGESTIVFRAGEN TESTEN WISSEN 56

Ungewollt Signale geben

Als der Fachlehrer das Klassenzimmer betritt, wissen die Schüler, dass sie sich nun entspannen können, denn der Lehrer ist kein richtiger Lehrer, sondern ein Quereinsteiger. In einem Kurzlehrgang hat man ihn pädagogisch ein wenig angebrütet und dann in die Schule geschickt. Dort muss er sehen, wie er zurechtkommt. Nach einem halben Jahr hat er immer noch nicht verstanden, wie clever Schüler sind. Sie haben ihn und seine Sprache sofort durchschaut und geben während des Unterrichts fast nur richtige Antworten. Zwar nicht sofort, aber nach kurzem Nachdenken, wie er findet: „Also Egon, wie heißt die Technik?" „Collagieren", antwortet der Schüler. „Egoooon!!!", protestiert der Quereinsteiger, dehnt den Schülernamen und hebt deutlich die Stimme. Egon scheint nachzudenken, dann sagt er schließlich: „Ach ja, Styropordruck", und der Lehrer ist zufrieden, weil der Schüler sich selbstständig korrigiert hat. Es kommt ihm gar nicht erst in den Sinn, er könnte mit seiner Betonung des Namens dem Schüler das entscheidende Signal gegeben haben, seine Antwort zu revidieren.

Täuschungsmanöver

Nicht nur Quereinsteiger, auch alte Hasen geben manchmal, ohne es zu merken, durch ihre Stimme Hinweise darauf, ob eine Antwort richtig ist. Jeder clevere Schüler hätte nach einer solchen Namenswiederholung seine Antwort abgeändert. Aber nicht, weil er seinen Fehler eingesehen hätte, sondern weil er den Tonfall des Lehrers bei falschen Antworten kennt. Die nächste Antwort wird dann geraten. Wenn sie (zufällig) richtig ist, wird die Lehrkraft denken, der Schüler hätte es begriffen. Umso größer ist die Enttäuschung, wenn die Leistungskontrolle zeigt, dass dem offensichtlich nicht so ist (Tipp 47). Deshalb der Tipp für Neugierige und Experimentierfreudige: Täuschen Sie mal mit suggestivem Tonfall! Sie werden sich wundern, was dabei herauskommt und wo Sie Unsicherheiten bei Ihren Schülern entdecken, die man nun gezielt angehen kann.

› Tipp 47

Gleich mal ausprobieren

Das nächste Mal, wenn ein Schüler eine richtige Antwort gibt, sagen Sie leicht vorwurfsvoll: „Denk doch mal nach!“ oder „Ist das dein Ernst?“. Sie sagen nicht, dass die Antwort falsch ist, aber Sie legen einen zweifelnden Ton in Ihre Stimme, um ganz bewusst zu verunsichern. Erfahrungsgemäß werden die meisten Schüler in so einer Situation selbst eine richtige Antwort abändern.
Wenn Sie nach einiger Zeit die richtige Lösung bestätigen, wird es große Aufregung geben, weil Sie zuvor ja noch „Denk doch mal nach!“ gesagt haben. Dann enthüllen Sie Ihren Kniff und erklären, dass es Ihnen wichtig ist, Antworten zu bekommen, hinter denen die Schüler auch stehen. Darum geht es.

Um die Ecke gedacht

Den Mut, selbstständige Entscheidungen zu treffen – und auch dabei zu bleiben –, können Sie fördern, indem Sie auch mal zum Schein verunsichern. Das Erstaunliche: Die Schüler mögen es, weil es ihnen eigentlich mehr Spaß macht, ihre eigene Meinung zu vertreten.
Auch umgekehrt funktioniert das Verfahren: Bei einer falschen Antwort zeigt man sich erfreut, gibt nichtssagende, aber positive Signale und fragt dann, wer in der Klasse

anderer Meinung ist. Kaum ein Schüler wird den Mut aufbringen, eine abweichende Ansicht zu äußern, nachdem der Lehrer sich scheinbar so positiv geäußert hat.
Das spricht nicht gegen die Schüler. Da sie von der Benotung des Lehrers abhängig sind, ist es verständlich, dass sie sich an seiner Meinung orientieren (Tipp 61).

›Tipp 61

Kontrolle der Hausaufgaben

57

Ich weiß nicht, wie es zu Ihrer Schulzeit war. Aber bei uns kontrollierten viele Lehrer die Hausaufgaben nicht. Schließlich, sollten wir ja lernen, eigenverantwortlich zu arbeiten. Wie haben wir darauf reagiert? Die meisten haben die Hausaufgaben nicht gemacht, allenfalls haben wir das Wichtigste vor dem Unterricht bzw. in den Pausen von den Gewissenhaften (meist Mädchen) abgeschrieben.
Die Frage ist, ob das heute anders ist. Wenn nicht, macht die Schule sich mit den Hausaufgaben offensichtlich selbst etwas vor. Seien Sie realistisch und gehen Sie davon aus, dass manche Schüler kürzere Hausaufgaben nicht mehr zu Hause erledigen. Grundsätzlich gilt: Keine Hausaufgabe ohne generelle Kontrolle!
Die übliche Lehrerfrage: „Habt ihr alle die Hausaufgabe?“, die manchmal mit einem undefinierbaren Gemurmel abschließend beantwortet wird, führt dazu, dass es immer mehr Schüler darauf ankommen lassen, die Hausaufgabe nicht zu machen.

Glaubwürdigkeit wahren

Das Problem dabei ist weniger die nicht gemachte Hausaufgabe, sondern die Glaubwürdigkeit der Lehrkraft. Wer die Umsetzung seiner Anweisung grundsätzlich nicht kontrolliert, wird allmählich zur Lachnummer (Tipp 22).

›Tipp 22

Natürlich kostet die Kontrolle Zeit. Zudem muss man sich Reaktionen auf fehlende Hausaufgaben überlegen und auch durchsetzen. Diese Konsequenz schreckt Lehrer ab, Hausaufgaben ernsthaft zu kontrollieren. Stattdessen lässt man zwei oder drei Schüler freiwillig vortragen, das war es. In diesem Fall kann man die Schüler verstehen. Werden nur zehn Prozent der Hausaufgaben gewürdigt, ist es uneffektiv, dafür jedes Mal seine Hausaufgabe anzufertigen. Die Chancen sind zu gering, eine gründliche Korrektur der eigenen Arbeit zu bekommen. Will man also ein anderes Schülerverhalten erzielen, empfiehlt sich folgendes Vorgehen:

Anreize schaffen

- Ankündigen, dass man in Zukunft die Hausaufgaben bei allen Schülern kontrollieren wird.
- Die Anfertigung der Hausaufgabe dann auch wirklich bei allen Schülern kontrollieren.
- Nicht gemachte Hausaufgaben müssen in der nächsten Stunde unaufgefordert vorgelegt werden.
- Bei mindestens fünf Schülern die Hausaufgabe sorgfältig überprüfen, vorzugsweise bei denen, die beim letzten Mal ihre Hausaufgabe „vergessen" hatten (Tipp 24).
- In einer gründlichen Besprechung mindestens 20 Prozent der Schüler aufrufen, damit sie merken, dass ihre Hausaufgaben für den Unterricht wichtig sind (Tipp 62).

› Tipp 24
› Tipp 62

Gleich mal ausprobieren

Geben Sie in Zukunft seltener Hausaufgaben auf, und gehen Sie damit wie beschrieben um. Sie werden sehen: Nun werden die Hausaufgaben ernst genommen und gemacht.

58 Der Heftrand markiert die Grenze

Vielleicht ist es nur eine *simple* Formalität. Es geht darum, ob Schüler ohne Konsequenzen über den Rand schreiben dürfen. „Stellt euch nicht so an!", fordern manche Lehrer. „Schließlich geht es um den Inhalt und nicht um die Form." Natürlich ist der Inhalt wichtiger als die Form. Aber das Einhalten von Formen bedeutet ja nicht, dass man den Inhalt vernachlässigt, sondern man will durch das Einhalten von Formalien eine pädagogische Wirkung erzielen. Deshalb der Tipp: Lassen Sie nicht über den Rand schreiben!

Pädagogische Wirkung

Viele Lehrer, die ebenso denken, sind sich einig, dass es um mehr geht als um das halbe Wort, das auf den Rand geschrieben wird. Es geht um das Einhalten bzw. das Respektieren von Grenzen. Der Heftrand ist für die Korrekturen der Lehrkraft vorgesehen und damit Teil des „Lehrerreviers". Jeder Schüler weiß das, und ab einem bestimmten Alter ist seine Feinmotorik so ausgeprägt, dass er die Bewegung seiner Hand vor dem Heftrand stoppen kann, wenn er es will.

Grenzen einhalten

Natürlich soll einem Schüler, der über den Rand schreibt, keine bewusste Grenzverletzung vorgeworfen werden, mit der er gezielt die Autorität des Lehrers testen will. Er achtet nicht darauf, denkt nicht daran, sieht die Grenze nicht, wenn er schreibt. Er merkt aber später, spätestens bei Rückgabe der Arbeit, die Reaktion oder Nicht-Reaktion des Lehrers und wertet diese für die Zukunft aus.

Um die Ecke gedacht

Wer Schüler über den Rand schreiben lässt, signalisiert ihnen, dass ihm die Einhaltung von Grenzen nicht wichtig ist und man problemlos in seinen Bereich eindringen kann, nach dem Motto: „Mein Bereich ist auch dein Bereich!"

Was theoretisch Harmonie vorgaukelt, sieht in der Praxis anders aus (Tipp 14). An der staatlichen Regelschule sind Grenzen unverzichtbar, denn sie helfen, die Freiräume des Einzelnen zu bewahren, auch die des Lehrers.

› Tipp 14

59 Klassenarbeit gleich konzipieren

„Was nehme ich als Thema für die Klassenarbeit?" Dies ist einer der häufigsten Stoßseufzer von Lehrkräften, besonders bei Referendaren und Junglehrern.

Das Problem liegt weniger in dem noch kleinen Fundus an Arbeiten, aus dem man schöpfen kann. Vielmehr wird gerne ein anderer Fehler gemacht, der dafür sorgt, dass man kurz vor der Arbeit ganze Stunden damit verbringt, ein passendes Thema zu suchen: Der Unterricht wird vorangetrieben, ohne sich schon jetzt Gedanken über eine dazu passende Klassenarbeit zu machen.

Frühzeitige Themenfindung

Gegen Ende der Unterrichtssequenz ein passendes Thema zu finden, ist jedoch schwierig, weil in vielen Aufgabenstellungen überraschend Aspekte auftauchen, die man im Unterricht nicht besprochen hat (Tipp 46). Jetzt hat man den Salat! Proteste der Schüler sind damit vorprogrammiert. Da man diese vermeiden möchte, sucht man bis spät in die Nacht weiter und weiter, bis man irgendwann aufgibt und einfach irgendetwas nimmt.

› Tipp 46

Besten Text für die Arbeit aufsparen

Auf diesem steinigen Weg stellen sich manche Kollegen noch selbst ein Bein, indem sie der Klasse zur Vorbereitung auf die Klassenarbeit einen Text vorlegen, der optimal geeignet ist. Das ist zwar nett gemeint, aber der beste Text ist nun „verbrannt". Auch hier wird es Proteste hageln, weil die Schüler durch den idealen Übungstext die nicht zu erfüllende Erwartung hatten, die eigentliche Arbeit würde ebenso maßgeschneidert sein.

Achtung!

Nehmen Sie daher zum Üben nie den besten Text, den heben Sie sich für die Klassenarbeit auf. Wenn der Übungstext nur suboptimal ist, werden die Schüler es überleben. Vielleicht werden sie sich sogar verstärkt vorbereiten, weil sie meinen, es erwarte Sie ein ähnlich schwieriger Text in der Arbeit.

Klare Richtung

Aus diesen Überlegungen folgt: Klassenarbeiten gleich zu Beginn der Unterrichtssequenz konzipieren! Das erfordert zwar anfangs ein wenig mehr Zeit, in der Sie suchen müssen, aber es erleichtert die Angelegenheit später enorm. Da Sie von Beginn an die Arbeit im Kopf haben, wissen Sie genau, wo Sie hin wollen und welche Kenntnisse die Schüler zur Bearbeitung noch benötigen.

Um die Ecke gedacht

Falls die Schüler bereits vor dem geplanten Termin der Arbeit den Stoff beherrschen, ist sogar ein Vorziehen der Arbeit möglich, um Termine zu entzerren (Tipp 45).
Haben Sie die Aufgabe schon am Vortag kopiert, können Sie sich abends in einen Sessel fallen lassen und ein Gläschen Wein genießen. Könnte es denn nicht immer so sein?

›Tipp 45

Klares Zeitlimit durchsetzen

60

„Können wir noch in die Pause reinschreiben? Das schaffen wir sonst nicht!“, betteln die Schüler. „Na gut“, antwortet der junge Kollege. Spätestens als die Hälfte der Pause vorbei ist und niemand auch nur Anstalten macht, die Arbeit zu beenden, dämmert es ihm: Die Schüler wollen nicht „reinschreiben“, sondern die gesamte Pause durchschreiben. Und selbst das bedeutet nicht, dass am Ende der Pause alle die Hefte abgeben. Denn nun kommt: „Nur noch diesen Satz zu Ende“. Auch das ist nicht wörtlich, sondern metaphorisch gemeint, denn der letzte Satz erstreckt sich vielfach über eine halbe Seite.

Abgabe im Chaos

Inzwischen ist die Pause vorbei, der Lehrer versucht verzweifelt, die letzten Schreibenden zum Abgeben zu bewegen. Fünf Minuten nach Beginn der nächsten Stunde gelingt dies auch, allerdings im Chaos. Der Lehrer sammelt die letzten Hefte ein.

Keine Verlängerung

›Tipp 99

So kann man es machen, sollte sich dann aber nicht über einen frühen Herzinfarkt wundern und sich schon gar nicht über die Schüler beschweren (Tipp 99). Die Schüler wären rechtzeitig fertig geworden, wenn der Lehrer wirklich ein klares Zeitlimit gesetzt hätte. Denn Schüler brauchen, etwas pauschal, so viel Zeit, *wie man ihnen gibt*. Deshalb der Rat: Keine Zeitverlängerung bei Klassenarbeiten!

Grenzen einhalten

›Tipp 36, 58

Auch hier geht es um das Einhalten oder Verschieben von Grenzen (Tipp 36, 58). Aus Sicht der Schüler ist es ganz einfach: Sie versuchen, möglichst viel Zeit für die Bearbeitung der Aufgaben zu erhalten. Da viele Lehrer aber nicht sofort ein großes Zugeständnis machen wollen, wendet man die „Salamitaktik" an. Scheibchen für Scheibchen dehnt man die Zeit nach hinten aus. Welcher Pädagoge ist schon so herzlos, dass er nicht ein paar Minuten genehmigen würde? Und dann noch ein allerletztes Minütchen. Und dann nur noch den letzten Satz zu Ende.

Bestandskraft Ihrer Entscheidung?

Was die Schüler durch solche Zugeständnisse lernen, ist Folgendes: Die durchschnittliche Lehrkraft meint eigentlich nicht, was sie sagt. Es ist ein Vorschlag, der verhandelbar ist. Deshalb sollten Sie für sich grundsätzlich klären, wo Sie stehen wollen und welche Bestandskraft Ihre Entscheidungen für die Schüler haben sollen (Tipp 2, 9).

› Tipp 2, 9

Zeitlimit ist Teil der Aufgabe

Oft hilft es, den Schülern zu verdeutlichen, dass es in Klassenarbeiten nie darum geht, eine bestimmte Aufgabe zu lösen. Die Schüler werden auf diese Aussage verdutzt reagieren, aber es stimmt. Stattdessen geht es immer darum, eine Aufgabe *in einer begrenzten Zeit* zu lösen. Die Zeitbegrenzung ist Teil der Aufgabenstellung, denn die Schüler sollen lernen, sich die Zeit einzuteilen. Sie sollen sorgfältig, aber auch zügig arbeiten. Keine einfache Sache, aber für das spätere Leben unerlässlich (Tipp 45). Wer dies seinen Schülern erklärt, macht es allen Beteiligten leichter und kann problemlos auf der pünktlichen Abgabe bestehen.

› Tipp 45

SOS-Tipp

War die Zeit tatsächlich einmal zu knapp, trifft es alle Schüler in gleichem Maße, sodass hieraus keine ungleiche Behandlung folgt (Tipp 13). Sollte man als Lehrer bei Durchsicht der Arbeiten feststellen, dass selbst für die besten Schüler die Aufgaben nicht alle zu lösen waren, kann und wird man die Bewertung anpassen.

› Tipp 13

Noten geschickt verkünden

61

Dieser Tipp ist für jene, die an ihrer Schule zum Halbjahr oder Schuljahresende Notengespräche führen und händeringend nach Mitteln suchen, dem anstrengenden Feilschen der Schüler etwas entgegenzusetzen. Für die Glücklichen, die nach Notenbesprechungen noch nie das Gefühl hatten, „über den Tisch“ gezogen worden zu sein, und solche Belastungen nicht kennen, gilt: Weiterblättern, auf zum nächsten Tipp!

Feilschen

Es soll Notenbesprechungen geben, bei denen es zugeht wie auf dem Basar. Und neidvoll muss man gestehen: Viele Schüler sind hier deutlich geschickter als ihre Lehrer, sodass sich die Frage nach wirksamen Gegenstrategien stellt.

Ankereffekt

Wie läuft es denn auf dem Basar? Warum hat man selbst nach intensivem Feilschen immer noch das Gefühl, zu viel bezahlt zu haben? Jeder geschickte Händler kennt den Ankereffekt und wendet ihn an. Was verbirgt sich dahinter? Das Gehirn hilft einem auch, wenn es um Orientierung in Geldsachen geht, allerdings auf eigenartige Weise: Der erste Preis, den die Gegenseite nennt, wird im Gehirn als Ausgangspunkt für alles Weitere verankert und beeinflusst jeden weiteren Schritt. Ständig hat man das Gefühl, der erste Preis sei wohl doch irgendwie gerechtfertigt. Das ist der Ankereffekt.

Notenreihenfolge

Aber nun vom fiktiven Basar in die Schule zur Notenbesprechung. Damit es konkret wird, stellen Sie sich einen Schüler mit folgenden Noten in Teilbereichen vor: 4, 5, 4, 5, 5, 4.
Wer die Noten in dieser Reihenfolge vorträgt, beginnt mit einer 4 und verankert sie beim Schüler. Dazu kommt eine 4 als letzte Note. Eine 5 als Endnote wird ein Schüler nun als ungerecht empfinden und vehement dagegen argumentieren.
Stellt man die Noten in der Besprechung jedoch um, sieht es schon ganz anders aus, nämlich so: 5, 4, 5, 4, 4, 5.
Jetzt wird als „Anker“ eine 5 gesetzt und die Liste der Noten

hört auch mit einer schwachen Note auf. Die Wahrscheinlichkeit, dass ein Schüler nun eine 5 akzeptiert, ist viel größer. Sie finden, das ist gemein? Keine Note wurde verändert, lediglich die Reihenfolge umgestellt.

Einleitende Worte

Da die Bekanntgabe schlechter Noten grundsätzlich heikel ist, stellt sich die Frage, wie man sie so „verkauft“, dass sie von den Schülern akzeptiert werden. Deshalb sind die einleitenden Sätze wichtig, denn auch sie verankern eine Grundhaltung. Wer die Bekanntgabe der Noten so einleitet: „Du hast dich eigentlich verbessert“, macht es sich unnötig schwer, einem schwachen Schüler eine Fünf zu vermitteln. Geschickter ist deshalb: „Heute wird es ernst, jetzt kommt die Stunde der Wahrheit.“ Eine solche Ankündigung verankert bereits, dass es auch schlechte Noten geben wird.

Achtung!

Man sollte generell auf den gängigen Terminus der „Noten*besprechung*“ verzichten, denn er suggeriert, es handle sich um eine gemeinsame Notenfindung, die sich durch ein Gespräch ergibt. Das ist nicht der Fall.
Günstiger ist es daher, von einer „Bekanntgabe“ der Noten zu sprechen, zu der die Schüler sich äußern dürfen.

Widerstand vorbeugen

Alternativ können Sie die Bekanntgabe von schlechten Noten auch mit der Bemerkung einleiten: „Du weißt ja selbst, dass du im Bereich xyz Schwächen hast.“ Diese Formulierung bietet zwei Vorteile:

1. Der Lehrer unterstellt eine Selbsterkenntnis des Schülers. Durch das suggestive „Du weißt ja selbst ...“ wird es dem Schüler erschwert, Widerstand aufzubauen.
2. Die Formulierung attestiert dem anderen Kenntnisse, die ihn aufwerten. „Sie wissen ja selbst, dass dies ein sehr hochwertiger Teppich ist.“ So formulieren Menschen, die der Gegenseite Respekt erweisen. Ein so angesprochener Schüler wird in der Regel zustimmen und damit grundsätzlich akzeptieren, dass eine schlechte Note möglich ist.

Um die Ecke gedacht

Wenn Sie zur Endnote kommen, sollte auch stimmlich ein klares Ende gesetzt werden. Gehen Sie mit der Stimme nach unten: „ ... und deshalb bekommst du eine Vier.“ Punkt. Aus. Ende. Danach sollte kein „Nachklapp“ mehr kommen, in dem nun wieder relativiert und der Anschein erweckt wird, vielleicht doch noch eine Drei zu erhalten. Der Schüler hatte die Gelegenheit, sich zu äußern. Aber jetzt bilanzieren Sie, kommen zu Ihrem Ergebnis und beenden unmissverständlich das Gespräch (Tipp 7, 54, 65).

› Tipp 7, 54, 65

SOS-Tipp

Ein Tipp aus der pädagogischen Grauzone: Falls Sie das Feilschen um Noten nicht vermeiden können, sagen Schüler oft, was sie sich als Note (viel zu gut!) vorstellen.
Nun entgegnen Sie lachend: „ Nein, ich meine, was du dir *wirklich* vorstellst.“ Wenn Sie das lachend sagen, wird auch der Schüler lachen, weil er merkt, dass Sie ihn durchschaut haben. Er wird aber merken, dass Sie ihm nicht böse sind und wird sein Angebot nachbessern, sodass Sie irgendwann die richtige Note „ausgehandelt“ haben.

Die stille Mitte nicht vergessen

62

Jeder Lehrer weiß das, es hat sich nur noch nicht bis zu den Bildungsfunktionären herumgesprochen: Die Zeit, sich um jeden Schüler während des Unterrichts zu kümmern, ist viel zu knapp. Insbesondere bei Klassen mit über 25 Schülern ist dies fast unmöglich. Trotzdem soll der Lehrer sogar noch binnendifferenziert arbeiten.
Um diesen Spagat wenigstens einigermaßen hinzubekommen, erhalten zwei Schülergruppen besondere Aufmerksamkeit: Die guten Schüler und die Problemschüler. Die große Mitte kommt leider zu kurz. Darum: Vergessen Sie die Mitte nicht!

Zeit ist knapp

Die große Gruppe der durchschnittlichen Schüler beobachtet sehr genau, wer durch die Lehrer wie viel Aufmerksamkeit erfährt. Sie sagt nichts, aber registriert, analysiert und zieht Konsequenzen.

Dass gute Schüler viel Beachtung erfahren, leuchtet den mittelguten Schülern ein, denn auch sie sind leistungsorientiert. Dass jedoch diejenigen, die leistungsschwach sind und sich nicht einmal anstrengen, vom Lehrer ständig beachtet und umsorgt werden, empfinden sie als ungerecht. Der Problemschüler, der eine schlampige Hausaufgabe vorlegt, wird vom Lehrer überschwänglich gelobt, weil er ausnahmsweise überhaupt etwas gemacht hat (Tipp 55). Aber die ordentliche Hausaufgabe des mittelguten Schülers wird mit keinem Wort gewürdigt. Sie wird einfach als normal vorausgesetzt (Tipp 57).

› Tipp 55

› Tipp 57

Große Mitte beachten

Dieses typische Lehrerverhalten sollten Sie sich einmal bewusst machen, um zu begreifen, was in mittelguten Schülern oft vorgeht. Wer hier nicht gegensteuert, muss mit Resignation oder Auflehnung rechnen. Vor allem Letztere trifft viele Lehrer völlig unvermittelt, da sie ja den mittelguten Schülern nichts „getan" haben. Das ist richtig, man hat ihnen nichts getan, sie gleichzeitig aber auch lange Zeit kaum beachtet, weil man sich aufgrund der begrenzten Zeit um die dringenderen Problemfälle gekümmert hat. Man sollte also von Zeit zu Zeit auch die mittelguten Schüler loben, indem man die Problematik offen anspricht.

Gleich mal ausprobieren

Nehmen Sie doch Ihre nächste Stunde einmal zum Anlass, Ihre mittelguten Schüler ein wenig zu „streicheln". Sagen Sie, wie bedauerlich Sie es finden, nur so wenig Zeit für die Klasse zu haben und dass Sie sehr wohl registrieren, wie der Großteil der Klasse ohne besondere Aufforderung ordentlich mitarbeitet. Nennen Sie dabei ruhig ein paar Namen stellvertretend für die ruhigen gewissenhaften Arbeiter. Bitten Sie um Verständnis dafür, dass Sie mehr Zeit für die Schwachen verwenden, damit diese den Anschluss schaffen.

Ein eigenes System entwickeln

63

Die meisten Lehrer würden Disziplinschwierigkeiten gerne konsequenter entgegentreten, aber sie haben kein System, weil ihnen die Zeit dafür fehlt. Weder Hochschulen noch Seminare befassen sich während der Ausbildung mit dieser für sie scheinbar banalen Problematik. Also nimmt man sich vor, die Disziplinfrage zu Beginn seiner Lehrertätigkeit in Angriff zu nehmen. Doch dann ist es zu spät. Die ersten Stunden brechen über einen herein und man hat Mühe, den Stoff zu bewältigen, Verwaltungsaufgaben zu erledigen und Klassenarbeiten zu konzipieren (Tipp 46, 59).

› Tipp 46, 59

Also schlägt man sich so durch. Nachdem man es mehrfach nicht geschafft hat, in den Ferien ein schlüssiges System auszuarbeiten, lässt man es sein. Zwar ist der Zustand unbefriedigend, aber nicht katastrophal.

Keine Zeit

Allerdings gibt es immer wieder Situationen, in denen man selbst spürt, dass man inkonsequent vorgeht (Tipp 25). Man kämpft sich irgendwie von Problemfall zu Problemfall, aber irgendwann ist das disziplinarische Konzept nur noch ein Netz, durch das nicht nur die kleinen, sondern auch schon größere Fische hindurchschwimmen (Tipp 1). Wird einem dies bewusst, stellt sich Unzufriedenheit ein. Aber für die Konstruktion eines Systems glaubt man immer noch keine Zeit zu haben. Ein Teufelskreis.

› Tipp 25

› Tipp 1

Hinter dem System stehen

Gleichwohl haben Sie die Wahl: Entweder machen Sie weiter wie bisher – oder Sie ziehen einen Trennungsstrich und nehmen einen neuen Anlauf. Damit dieser erfolgreicher wird als die vorangegangenen Versuche, ist jedoch eines notwendig: Entwickeln Sie zuerst ein überzeugendes System! Kein System ist so gut, wie das, das Sie selbst entwickeln! Schließlich müssen Sie hinter dem System stehen, das Sie durchsetzen wollen.

Dies ist auch der Grund, warum die Übernahme von irgendwelchen tollen Vorschlägen häufig nicht klappt. Sie hören sich zwar zuerst vielversprechend an, entsprechen aber aus irgendwelchen Gründen nicht unserer Überzeugung. Damit ist das Scheitern vorprogrammiert (Tipp 22).

› Tipp 22

Selbst Schwachstellen finden

› Tipp 41

Was brauchen Sie für Ihr System? Sie benötigen ein Wochenende Zeit und einen unbequemen Partner, der Ihnen etwaige Schwachstellen aufzeigt. Vergessen Sie höfliche Menschen, die Sie nur bestätigen. Sie brauchen jemanden, der sich in die Lage der Schüler hineinversetzen kann und Ihnen auch unbequeme Fragen stellt (Tipp 41). Denn wenn *Sie* sich diese unbequemen Fragen nicht vorher stellen und schlüssig beantworten, werden es später die Schüler tun und sehr genau darauf achten, wie oft Sie bei kritischen Fragen straucheln, um daraus zu schließen, wie fundiert Ihr System ist. Wer keinen klaren Plan für Regelverstöße besitzt, hat Angst zu reagieren, weil er nicht weiß, was im Fall der Fälle zu tun ist. Diese Angst spüren Schüler sehr genau.

Gleich mal ausprobieren

Wichtig für Ihr System ist ein berechenbares Ansteigen der Konsequenzen. Die Schüler sollen genau wissen, was bei einem Regelverstoß auf sie zukommt und was bei einer Wiederholung. Hängen Sie Ihr System gut sichtbar an die Wand, z.B. als DIN-A2-Blatt. So könnte es aussehen:

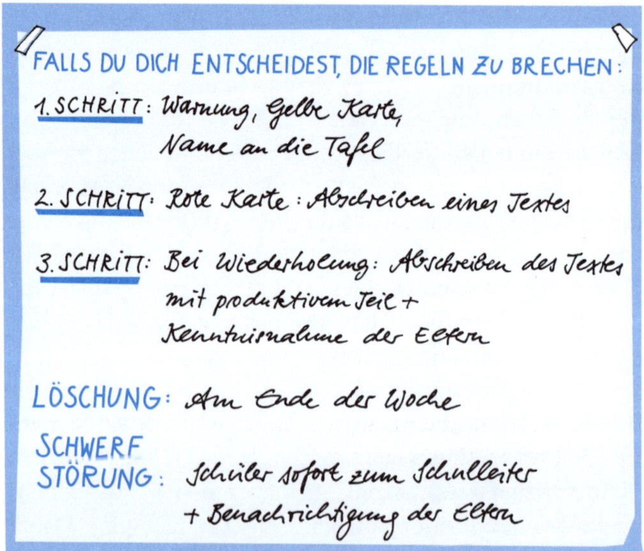

Achtung!

Ganz wichtig: Unterstellen Sie Ihren Schülern grundsätzlich die Fähigkeit, Entscheidungen zu fällen: „Ihr entscheidet selbst, was ihr tut!"
Machen Sie den Schülern deutlich, dass Regelverstöße nicht einfach so passieren. Jeder Schüler hat die Wahl, ob er die Regeln bricht oder nicht.

Strikte Anwendung

Wann Verstöße gelöscht werden, sollten Sie vom Alter der Schüler abhängig machen. Bei älteren Schülern empfiehlt sich eine Löschung am Ende der Woche. Diese Frist sollte ebenfalls in Ihrem System fixiert und strikt eingehalten werden.
Die Wirksamkeit eines Systems hängt ganz direkt von der Stringenz ab, mit der es angewendet wird (Tipp 2, 9, 86). Wer hier (meist zugunsten der Schüler) eine Ausnahme macht, wird bald um eine zweite und dritte nicht herumkommen und den Dominoeffekt auslösen: Das gesamte System bricht zusammen und kann als unbrauchbar zu den Akten gelegt werden.

› Tipp 2, 9, 86

64 Der Verstoß als Entscheidung

Eine konfliktfreie Schule ist zwar wünschenswert, wohl aber leider nicht möglich. In einer Institution, die zu 90 Prozent aus Kindern und Jugendlichen besteht, sind Konflikte völlig normal (und damit keine Katastrophe), aber ihnen müssen Konsequenzen folgen. Schließlich haben Schüler die Wahl, sich für oder gegen ein Handeln zu entscheiden.

Unsoziales Verhalten

Negative Konsequenzen drohen für gewöhnlich demjenigen, der für unsoziales Verhalten verantwortlich ist. Die Schüler kennen und verstehen dieses einleuchtende Prinzip, deshalb argumentieren sie meistens wie folgt:

- „Der hat aber angefangen!" (Tipp 78)
- „Das war doch nur Spaß!"
- „Da kann ich doch nichts für!"

› Tipp 78

Die Liste ließe sich beliebig fortführen, der Grundgedanke der Schüler ist jedoch immer derselbe: „Mich trifft keine Schuld. Ich bin dafür nicht verantwortlich!"

Nichts passiert einfach so

Diese weit verbreitete Haltung gilt es zu ändern, wobei es weniger um die Legitimation negativer Konsequenzen geht. Diese können und müssen selbst dann verhängt werden, wenn der Schüler seinen Regelverstoß nicht einsieht.

› Tipp 74

Es geht darum, die Einstellung von Problemschülern zu korrigieren, denn nichts passiert einfach so (Tipp 74).

Bewusste Entscheidung

Schüler sind keine willenlosen Wesen, die nur durch die Umwelt geprägt sind und für ihr Verhalten nichts können. Wer die „Ich-bin-nicht-schuld"-Haltung unwidersprochen und vielleicht sogar mit Erfolg so oft wiederholt, dass sie zu seiner zweiten Natur wird, der empfindet unliebsame Konsequenzen als Folge seiner Verstöße als ungerecht und reagiert verbittert. Er wird sich auf den Standpunkt einer vermeintlichen Nichtverantwortlichkeit zurückziehen, aber gleichzeitig das Gefühl entwickeln, die gesamte Schule sei gegen ihn. Bei allen Auseinandersetzungen muss dem Schüler deshalb Folgendes klargemacht werden: Jeder Verstoß ist eine Entscheidung! Und für diese persönliche Entscheidung hat jeder die Konsequenzen zu tragen.

Verantwortung übernehmen

Wie bringt man nun Schüler dazu, die Verantwortung für ihr Handeln zu übernehmen? Es funktioniert recht gut, indem man eine der folgenden Fragen stellt:

- „Entscheidest du selbst, was du tust?" oder
- „Wer entscheidet eigentlich, was du tust?"

Fast alle Schüler, die zu disziplinarischen Verstößen neigen, lassen es sich bei diesen Fragen nicht nehmen, ihre Eigenständigkeit zu betonen. Und damit ist das Wesentliche erreicht: Wer die Verantwortung für sein Handeln übernimmt, trägt auch die daraus resultierenden Konsequenzen mit Fassung. Auf jeden Fall ist der Ausrede der ungerechten Behandlung nun ein Riegel vorgeschoben (Tipp 13).

› Tipp 13

65

Die Schüler fangen vorsichtig an: „Können wir nicht was anderes machen?“, lautet die Frage. Nachdem der Lehrer mehrfach darauf eingeht, um die Motivation der Schüler zu erhöhen, schlägt die Stimmung um: „Nö, das machen wir nicht“, heißt es nun von Schülerseite. Gleichzeitig ändert sich der Ton. Äußern die Schüler anfangs noch höflich ihre Wünsche, werden sie immer mutiger. Jede Forderung wird in vorwurfsvollem Ton vorgetragen und in erheblicher Lautstärke. Der Lehrer ist ratlos. Er ist doch in der Vergangenheit immer so entgegenkommend gewesen – und nun das.

Die Erklärung ist simpel: Jede Gruppe braucht ein Alpha-Tier, und wenn diese Rolle nicht eindeutig von der Lehrkraft übernommen wird, geht sie nach kurzer Vakanz an einen Schüler bzw. eine Schülergruppe über. Deshalb: Seien Sie das Alpha-Tier!

Schüler testen Lehrer

Jeder Lehrkraft steht diese Position qua Amt zu. Daher muss sie in den ersten Stunden nicht erkämpft werden. Aber spätestens nach der dritten Stunde wird es Versuche geben, Sie in dieser Position zu testen, indem man z. B.

- konkrete Anweisungen infrage stellt,
- einen unangemessenen Ton anschlägt.

Respektvoller Umgang

Das Zauberwort heißt „Respekt“. Die Schüler dürfen anderer Meinung sein als Sie, aber das Verhalten Ihnen gegenüber muss von Respekt geprägt sein. Nicht respektvoll ist,

- einen Lehrer während seiner Rede zu unterbrechen,
- aufbrausend auf Anweisungen zu reagieren,
- Beschwerden in einem unverschämten Ton vorzutragen,
- einem Lehrer unlautere Absichten zu unterstellen.

Falls so etwas passiert, sollten Sie mit einer knappen, scharfen Bemerkung das Gespräch sofort abbrechen: „So nicht! Wenn du dich beruhigt hast, können wir uns nach dem Unterricht sachlich darüber unterhalten.“ Das wird dem Schüler nicht gefallen, er möchte natürlich sofort eine öffentliche Auseinandersetzung, um auf die Unterstützung anderer Schüler zurückgreifen zu können (Tipp 12).

› Tipp 12

SOS-Tipp

Lassen Sie sich keine Diskussion aufzwängen! Keine öffentliche Auseinandersetzung während Ihres Unterrichts! Wie heißt es doch so treffend: „Man braucht einen Dummen für Widerworte, aber zwei, um daraus ein Gespräch zu machen!"
Die zeitliche Verschiebung des Problems wird von Ihnen festgesetzt und nicht ausdiskutiert. Gehen Sie nicht auf die meist folgende typische Warum-Frage ein: „Warum nicht jetzt?" Wiederholen Sie Ihre Anweisung (Tipp 73) und damit ist das Thema vorerst erledigt. Bleiben Sie fest, denn: Sieger zweifeln nicht – und Zweifler siegen nicht.

› Tipp 73

Gespräch zu späterem Zeitpunkt

Die Verlagerung des Gesprächs auf einen späteren Zeitpunkt hat für Sie enorme Vorteile:

- Sie verlieren keine wertvolle Unterrichtszeit.
- Der Schüler beruhigt sich.
- Da der Schüler seine Pause / Freizeit opfern soll, muss er entscheiden, ob das Problem wirklich so wichtig ist.
- Sie müssen keine Diskussion gegen einen Großteil der Klasse führen, sondern nur gegen einen Schüler.
- Sie haben Zeit, Argumente für Ihre Position zu finden.
- Indem Sie den Zeitpunkt der Diskussion festlegen, verdeutlichen Sie, wer in der Klasse das Sagen hat.

66 Sitzordnung bestimmen

Das Schuljahr hat begonnen und die Tür zum Klassenraum öffnet sich. Etwa 25 Schüler hasten auf einen der begehrten Plätze zu, mit ihrer Schultasche weitere Plätze für ihre besten Freunde reservierend. Einige sind rasch ganz hinten, andere suchen einen der beliebten Mittelplätze und in die erste Reihe müssen diejenigen, die nicht so schnell oder nicht so robust sind.
In deutschen Schulen scheint es ungeschriebenes Gesetz zu sein, dass die Schüler wählen können, wo bzw. neben wem

sie sitzen wollen. Auf gar keinen Fall wollen sie natürlich neben Schülern sitzen, die sie nicht mögen. Die selbstbewussten Eltern fordern ebenfalls: „Mein Kind soll neben Patrick sitzen!“ So oder ähnlich wird es in die Anmeldebögen hineingeschrieben (Tipp 90).

› Tipp 90

Pädagogische Prinzipien

Dem kann die Schule folgen, muss sie aber nicht, denn die Sitzordnung im Klassenraum wird vom jeweiligen Lehrer bestimmt und richtet sich nicht an Freundschaften, sondern an pädagogischen Prinzipien aus.

Lehrer bestimmt Sitzordnung

Weil aber die Vorstellung über die Wahlfreiheit des Sitzplatzes viele Lehrer hemmt, Schüler umzusetzen, sei hier noch einmal ganz deutlich gesagt: Sie bestimmen die Sitzordnung im Unterricht!

Cliquen auflösen

Es besteht die Möglichkeit, bereits zum Schuljahresbeginn eine Sitzordnung vorzugeben. Wer eine engere Zusammenarbeit von Mädchen und Jungen möchte, führt eine gemischte Sitzordnung ein. Wer ruhige Schüler aktivieren will, kann sie weiter nach vorn holen. Wer der Meinung ist, dass es gute und schlechtere Plätze im Klassenraum gibt, könnte die Schüler monatlich rotieren lassen (Tipp 29).

› Tipp 29

Anordnung der Tische

Wie aber sollten die Tische am besten stehen? In Zeiten des Frontalunterrichts neigte man zur waagerechten Ausrichtung der Tische. In den 80er- und 90er-Jahren hielt man zusammengestellte Gruppentische für das Nonplusultra. Obwohl es Klassen und Arbeitsformen gibt, für die sie sich eignen, sind beide Systeme nicht optimal.

Bei der waagrechten Anordnung der Tische verdeckt ein Schüler immer den dahintersitzenden und verhindert so den direkten Kontakt zum Lehrer.

Bei Gruppentischen ist die Ablenkung durch gegenübersitzende Schüler recht groß, eine Fokussierung auf den Lehrer ist schwierig (Tipp 28). Auch muss der Körper gedreht werden, um zum Lehrer zu schauen bzw. um von der Tafel abzuschreiben.

› Tipp 28

U-Form

Welche Alternative gibt es? Besser geeignet ist die U-Form (Konferenzform) und zwar aus folgendem Grund: Alle Schüler sitzen jetzt dem Lehrer gegenüber, und zwar in der ersten Reihe. Müssen mehr als 24 Schüler untergebracht werden, ist eine doppelte U-Form notwendig. Aber auch bei ihr gelten im Prinzip die gleichen Vorteile. Der „schlechteste“ Platz ist nun die zweite Reihe. Der Lehrer kann problemlos bis auf zwei Meter an jeden Schüler herantreten und allein durch seine körperliche Präsenz viele Störungen unterbinden.

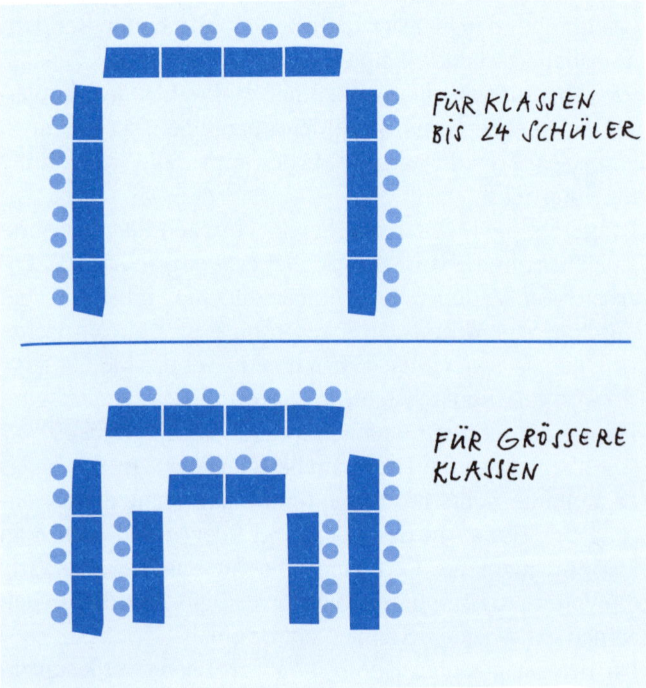

Achtung!

Leider ist die Anordnung der Tische in U-Form nicht immer möglich, weil viele Klassenräume einfach zu klein oder schlauchartig geschnitten sind.
Messen Sie in problematischen Klassen einmal den Raum aus, der pro Schüler zur Verfügung steht. Ist er sehr klein (weniger als zwei Quadratmeter), haben Sie schon eine Begründung für die ständige Unruhe und die Reibereien, die sich einfach aus zu großer Enge ergeben.

Gleich mal ausprobieren

Wenn möglich, sollten Sie die U-Form wählen, denn sie erlaubt Ihnen, sich jederzeit frei im Raum zu bewegen. Ihr Revier ist nicht auf den Platz an der Tafel beschränkt (Tipp 36), sondern auch die Mitte des Raumes gehört dazu.

›Tipp 36

Ohne besondere Mühe können Sie persönlichen Kontakt zu jedem Schüler aufnehmen und dafür sorgen, dass er Ihre Gegenwart wahrnimmt. Die Aufmerksamkeit der Schüler wird insgesamt größer und es gibt weniger Disziplinprobleme. Zudem ist es relativ einfach, aus der U-Form Gruppentische für Gruppenarbeit zu bilden (Tipp 44).

›Tipp 44

67 Zuerst für Ruhe sorgen

Es gibt Situationen, die sich auch nicht durch geregelte Abläufe vermeiden lassen. Manchmal sind Schüler aufgekratzt, ohne dass ein Lehrer etwas falsch gemacht hat. Vielleicht ist ja gerade Vollmond. Handelt es sich dann noch um einen Montag, ist es besonders schlimm (Tipp 74).

›Tipp 74

Denn viele Schüler sehen am Wochenende lange fern oder geben kleinen Pixelmännchen am Computer virtuell eins auf den Schädel und sind davon am Montagmorgen noch so erfüllt, dass es mehrere Stunden dauert, bis sie sich in der Schulwirklichkeit wieder zurechtgefunden haben.

Unruhe führt zu Regelverstoß

Die Vorstufe zu Regelverstößen ist fast immer die Unruhe. Sie beginnt fast unmerklich, wird immer stärker und fängt dann an, die ersten Schüler aufzuregen. Andere Schüler werden ebenfalls von dieser Aufregung ergriffen, die Klasse wird nicht nur lauter, sondern auch unruhiger in ihren Bewegungen. Erste Neckereien finden statt. Links nimmt ein Schüler einem anderen die Federtasche weg, rechts rollt jemand Papierkügelchen zusammen, mit denen er gleich durch den Raum werfen wird, und daneben malt jemand mit seinem Stift in das Heft eines anderen. Jetzt geht es richtig los. Will man diesen sich selbst verstärkenden Prozess wirksam unterbinden, lautet der wichtigste Rat: Ruhe schaffen!

Unruhe vorbeugen

Natürlich ist es am besten, Unruhe gar nicht erst entstehen zu lassen. Bei problematischen Klassen empfiehlt es sich deshalb, mit klar strukturierten Abläufen, wie z. B. einer schriftlichen Stillarbeitsphase zu beginnen (Tipp 31, 49, 50). Die ersten zehn Minuten entscheiden nämlich häufig darüber, wie der Rest der Stunde verläuft.

› Tipp 31, 49, 50

Flashcards

Um Ruhe zu erzeugen, sollte ebenfalls nach einem festen Schema vorgegangen werden, am besten in Verbindung mit einem optischen Signal, wie z. B. einer Flashcard, die einen Finger vor dem Mund (Psst!) oder die erhobene Hand als Zeichen zeigt (Tipp 53). Wichtig ist, den Schülern genau zu erklären, was sie dann zu tun haben, nämlich:

› Tipp 53

1. Lehrer anschauen
2. Hände auf den Tisch (Gegenstände aus der Hand legen)
3. Ruhe und zuhören

Akustisches Signal

Um z. B. während einer Gruppenarbeitsphase wahrgenommen zu werden, kann man sich einer kleinen Klingel bedienen, deren Aufgabe jedoch *nicht* darin besteht, den Geräuschpegel der Schüler zu übertönen. Der Klingelton dient nur als akustisches Signal, damit die Schüler wissen, dass nun der Lehrer angeschaut werden soll und sie seine erhobene Hand sehen. Auch diese Prozedur sollten Sie jedoch nicht nur erklären, sondern mehrfach üben (Tipp 27).

› Tipp 27

Achtung!

Selbst wenn es einige Zeit dauern sollte, bis die Klasse zur Ruhe kommt, sollten Sie nicht den Fehler machen, laut zu rufen oder zu pfeifen, um den Lärm zu übertönen. Damit würden Sie ein falsches Signal setzen.

Jeder Schüler weiß nämlich: Klingelton bedeutet, den Lehrer anzuschauen und bei erhobener Hand ruhig werden. Wenn Sie jetzt nach dem Klingeln laut rufen, entwerten Sie Ihre vorige Anweisung. Sie signalisieren: „Eigentlich wollte ich, dass ihr auf mein Handzeichen reagiert. Aber wenn ihr es nicht macht, ist es auch nicht schlimm, dann rufe (pfeife) ich eben ganz laut." Jeder clevere Schüler wird daraus den Schluss ziehen, dass das Handzeichen nicht wichtig ist, erst das laute Rufen ist entscheidend.

Um die Ecke gedacht

Vor allem bei jüngeren Klassen kann der Einsatz einer „Lärmampel" hilfreich sein. Das Gerät misst den Geräuschpegel und verändert seine Farbe von Grün über Gelb nach Rot. Leuchtet das rote Licht auf, wobei man die Empfindlichkeit einstellen kann, ertönt zugleich ein Signal.
Allerdings gibt es in der Praxis zwei Probleme: Das erste besteht darin, den optimalen Aufstellungsort innerhalb des Raumes zu finden. Das zweite ist (bei preiswerten Geräten) eine störende Zeitverzögerung zwischen Lärmspitzen und Signal.
Die Lärmampel hat aber auf jeden Fall einen großen Vorteil: Sie schaltet sich automatisch ein und befreit damit den Lehrer von der schwierigen Frage, was er noch tolerieren soll und was nicht mehr (Tipp 68).

› Tipp 68

Störungen im Ansatz unterbinden

68

Offene Gespräche mit anderen Lehrern zeigen immer wieder, dass es bereits relativ früh einen Punkt gibt, an dem ein bestimmtes Schülerverhalten die meisten Lehrer stört. Allerdings wird in diesem Moment erfahrungsgemäß noch nicht eingegriffen, sondern erst deutlich später, wenn das Verhalten ein für die Lehrkraft fast unerträgliches Ausmaß erreicht hat.

Hohe Belastung

Viele Lehrer meinen, es gehöre quasi zu ihrem pädagogischen Auftrag, Störungen erst einmal leidend zu ertragen. Das ist ehrenwert, führt aber während der „Duldungsphase" zu einer hohen persönlichen Belastung, die sich später oft emotional entlädt.
Auch die meisten Schüler empfinden bestimmte Verhaltensweisen von Mitschülern bereits relativ früh als störend. Aber wenn der Lehrer nichts dagegen sagt, warum sollten sie es dann tun? Er wird schließlich schon wissen, was richtig ist, denken sich die Schüler.

Es liegt also bei Ihnen: Falls Sie meinen, in Ihrer Besoldung sei ein Leidenszuschlag enthalten, dürfen Sie Störungen so lange hinnehmen, bis sie unerträglich werden. Sie können aber auch den folgenden Rat beherzigen: Greifen Sie ein, sobald Sie etwas stört!

Schüler fühlen sich ebenso gestört

Es geht nicht darum, schon die kleinste Abweichung zu sanktionieren. Aber wenn ein bestimmtes Verhalten Sie wirklich stört, dann sollten Sie unverzüglich intervenieren. Sie brauchen sich keine Sorgen darüber zu machen, dass Sie überempfindlich sind. Ruhige Mitschüler werden es genauso empfinden wie Sie und werden dankbar sein, wenn Sie das störende Verhalten frühzeitig unterbinden, denn die meisten Schüler wollen ihren Schulalltag ungestört verbringen (Tipp 35). Genauso haben Sie als Lehrer das Recht auf einen weitgehend ungestörten Unterrichtsverlauf, denn nur wenn Sie sich wohl fühlen, werden Sie auch einen unverkrampften, guten Unterricht machen.

› Tipp 35

69 Gelbe und Rote Karte einsetzen

Die meisten Schüler kennen sie vom Sport: die Gelbe und die Rote Karte. Beide sind auch für den Einsatz in der Schule einfach wunderbar. Hier nur ihre wichtigsten Vorzüge:

- Schüler kennen sie zur Durchsetzung von Regeln,
- aber sie haben nichts mit der Schule zu tun und
- sie sind optisch markant.
- Nach Einsatz der Gelben Karte, ist der Lehrer quasi gezwungen, tatsächlich Konsequenzen zu ziehen.

Starke Selbstbindung

Vor allem der letzte Punkt ist wichtig: Wer sich zum Zeigen der Gelben Karte entschlossen hat (Namen des Störenfrieds an der Tafel notieren!), kann eine weitere Störung kaum ignorieren. Der Einsatz bewirkt also eine starke Selbstbindung. So fällt es einem als Lehrer viel leichter, Konsequenzen zu verhängen, weil die Gelbe Karte eine unmissverständliche Botschaft war, die niemand übersehen konnte (Tipp 70).

› Tipp 70

Achtung!

Man sollte beim Zeigen der Gelben Karte bereits deutlich machen, welche konkrete Konsequenz (Tipp 63) beim nächsten Verstoß folgen wird. Wahrscheinlich werden die Schüler notfalls sogar schon von selbst danach fragen, weil sie wissen wollen, was ihnen blüht. Dann sollten Sie nicht nur sagen, dass der Schüler dann den Zettel Nr. xyz abschreiben muss, sondern Sie sollten ihm diesen auch zeigen. Dies in Verbindung mit der Gelben Karte beeindruckt deutlich mehr als eine lauwarme Ermahnung.

› Tipp 63

Lehrer als Schiedsrichter

Alle mit diesem System arbeitenden Lehrer sind so überzeugt davon, dass es nur eine Schlussfolgerung gibt: Setzen Sie die Gelbe und Rote Karte ein! Werden Sie zum Schiedsrichter, der sich um die Einhaltung der Regeln kümmert. Sie sind nicht der Gegner der Schüler, sondern der Unparteiische, der für reibungslose Abläufe sorgt (Tipp 27). Gerade problematische Schüler (ausdrücklich männlich gemeint) haben ein starkes Interesse an Sport und akzeptieren die dazugehörigen Regeln. Das Bild des Schiedsrichters ist somit für den Lehrer äußerst vorteilhaft, weil es eine anerkannte Position darstellt. Der Schiedsrichter ist eine Respektsperson, der man sich angemessen gegenüber zu verhalten hat. Über die Entscheidung eines Schiedsrichters wird vor Ort nicht diskutiert, sie wird erst einmal befolgt und das Spiel, d. h. der Unterricht, geht weiter. Wer als Spieler diese Grundregel nicht akzeptiert und den Schiedsrichter anpöbelt, der bekommt eben die Rote Karte und wird vom Platz gestellt.

› Tipp 27

Respektsperson

All dieses Vorwissen aus dem Sport läuft blitzschnell im Hinterkopf des Schülers zu Ihren Gunsten ab, wenn Sie die Gelbe Karte zeigen. Und warum sollten Sie das nicht zum Vorteil aller Beteiligten nutzen?

70 Nicht zu schwach eingreifen

- „Würdest du das bitte lassen?"
- „Mich stört das, lass das bitte!"
- „Gib endlich Ruhe, sonst passiert was!"
- „Letzte Verwarnung, gleich gibt es Ärger!"
- „Jetzt hab' ich die Faxen dicke! Zusatzarbeit!"

So kann man es machen, aber es ist nicht der optimale Weg. Wer so vorgeht, hegt die Absicht, mit einem ganz zarten Eingriff zu beginnen, in der Hoffnung, man könne das störende Verhalten des Schülers durch homöopathische Dosen heilen. Aus Schülersicht stellt es sich jedoch anders dar.

Wer ist der Stärkere?

Natürlich begreift er schon bei der ersten Ermahnung, dass sein Verhalten den Lehrer stört. Also, warum lässt er es dann nicht? Es ist menschliche Neugier, gepaart mit einer sportlichen Einstellung: Der Schüler möchte wissen, wie es weitergeht und wer der Stärkere ist. Da der erste Einsatz des Lehrers so niedrig ist, kann der Schüler problemlos dagegenhalten, indem er nicht reagiert. Auch die nächste Intervention stellt noch keine echte Gefahr dar. Weil der Schüler erkennt, wie kleinschrittig die Steigerung ist, rechnet er damit, auch die nächste Stufe noch ertragen zu können. Warum sollte er als lustbetonter Schüler ein für ihn angenehmes Verhalten sofort abbrechen, wenn einer ernsthaften Konsequenz erst noch weitere Ermahnungen vorausgehen?

Unnötige Wettkampfsituation

So wird aus der gut gemeinten Absicht des Lehrers ein Wettkampf mit dem Schüler. Zwar wird die Lehrkraft vermutlich gewinnen, aber jede Ermahnung des Lehrers verlängert die Störung. Auch das Interesse der Mitschüler an diesem Wettkampf wächst. Wie reagiert der Lehrer beim nächsten Schritt? Wer wird gewinnen? Diese Fragen beschäftigen die Klasse inzwischen mehr als der Unterricht.

Nicht zu milde!

› Tipp 25, 84

Wer solche unnötigen Wettkämpfe vermeiden will, sollte Folgendes beherzigen: Nicht zu milde anfangen! Wer als Lehrer den nervenzehrenden Weg verkürzen möchte, sollte die erste Ermahnung schon so hoch ansiedeln, dass dem Urheber allen Übels unmissverständlich klar wird, dass dies die erste und letzte Ermahnung ist (Tipp 25, 84). Das muss,

z. B. gekoppelt mit einer Gelben Karte (Tipp 69), vor allem durch den Tonfall deutlich werden. Ein „gleich passiert was“, das wie das Wort zum Sonntag klingt, wird von dem Schüler auch genau so verstanden. Machen Sie mit Ihrer ersten Äußerung deutlich, dass es keine weitere Warnung geben, sondern beim nächsten Verstoß eine erzieherische Maßnahme folgen wird (Tipp 63).

› Tipp 69
› Tipp 63

Achtung!

Abzuraten ist von emotionaler Betroffenheitslyrik, die gerne von ganzheitlich geprägten Lehrern der Fächer Religion oder Pädagogik eingesetzt wird. Im Sinne authentischer Ich-Botschaften wird dann vorgetragen: „Das macht mich ganz traurig, wenn du deinen Mitschüler schlägst.“ Mit diesen Worten kann man nichts erreichen und setzt sich nur der Lächerlichkeit aus.

Nachzüglern keine Bühne bieten

71

Es hat geklingelt, die Schüler sitzen auf ihren Plätzen und der Lehrer möchte mit dem Unterricht beginnen, aber es fehlen noch einige Schüler. Also wartet er noch ein paar Minuten. Als er gerade das Thema der Stunde vorstellt, öffnet sich die Tür und ein Schüler kommt. Einige Zeit später erscheint noch ein weiterer, der verschlafen hat.

Verlorene Unterrichtszeit

Bis hierhin sind etliche Minuten vergangen, in denen kein Unterricht stattgefunden hat, nur weil Schüler zu spät gekommen sind. Zudem sind die anderen Schüler durch jeden Nachzügler aus ihrer Konzentration gerissen und abgelenkt worden. Da sich bei jedem Zuspätkommer ein kleiner Dialog entwickelt, ist auch für Abwechslung gesorgt. Die Nachzügler wissen eben, was sie ihren Mitschülern schuldig sind: eine kleine witzige Geschichte (Tipp 40).

› Tipp 40

Und die pünktlich erscheinenden Schüler wissen, dass der Lehrer nicht wirklich mit dem Unterricht anfängt, bevor nicht auch die Nachzügler eingetroffen sind. Daher lohnt es sich nicht, schon von Beginn an konzentriert zu arbeiten. Es gibt ja immer erst einige Unterbrechungen, bevor es richtig losgeht. Dabei will der Lehrer es gut machen und nach den Ursachen der Verspätung forschen, um … Ja, warum eigentlich? Und warum gleich beim Betreten des Raumes? Vermutlich glaubt er, dass *er* dadurch den Zeitpunkt bestimmt, wann die Ursachenforschung stattfindet (Tipp 74). Darüber kann man jedoch geteilter Ansicht sein. Schließlich unterbricht der Lehrer seine geplante Tätigkeit, nur weil ein Schüler zu spät kommt.

› Tipp 74

Nachzügler durchwinken

Natürlich soll geklärt werden, warum Schüler zu spät zum Unterricht erscheinen, aber das muss nicht während der Unterrichtszeit passieren. Deshalb folgende Empfehlung: Zu spät Kommende gleich durchwinken! Auf keinen Fall sollte der Unterricht durch sie unterbrochen werden. Dadurch würde dem abweichenden Verhalten eine höhere Bedeutung eingeräumt werden als dem regulären Unterricht.

Unterricht geht vor

Durch das wortlose Verweisen an seinen Platz aber wird dem Nachzügler die Grundlage für einen „Auftritt“ entzogen und für alle Beteiligten wird klar: Der Lehrer als Führungskraft unterbricht seine Tätigkeit nicht wegen irgendwelcher Bagatellen. Diese werden dann geregelt, wenn es dem Lehrer passt – und nicht beim zufälligen Auftauchen eines Schülers, der die Regeln verletzt.

Um die Ecke gedacht

Natürlich muss ein Grund für das Zuspätkommen angegeben werden, aber nicht sofort und vor allem nicht mündlich und öffentlich. Sehr viel günstiger ist es, einen Zettel zu präsentieren, auf dem der Schüler zunächst seinen Namen und das Datum einträgt. Dann folgen, in vollständigen Sätzen, eine kurze schriftliche Schilderung des Sachverhalts, die den Grund für die Verspätung darlegt, und eine kurze Stellungnahme zu den Maßnahmen, die der Schüler ergreifen wird, damit sich ein solches Verhalten nicht wiederholt. Diesen Zettel sammeln Sie nach der Stunde ein.

Die Vorteile liegen auf der Hand:
- Keine Störung des Unterrichts.
- Schriftliche Rechtfertigungen sind unbequemer als mündliche.
- Öffentlichen Auftritten wird der Boden entzogen.
- Als Lehrer erhält man damit eine Dokumentation über die Häufigkeit des Fehlens.

Gleich mal ausprobieren

Wenn Ihre Schüler häufig zu spät kommen, verteilen Sie sofort nach dem Klingeln ein Arbeitsblatt. Die zu spät erscheinenden Schüler werden wortlos an ihren Platz gewiesen, wo schon der Arbeitsbogen liegt, mit dessen Bearbeitung sie unverzüglich beginnen. Die Tatsache, dass verspätete Schüler weniger Zeit für die Bearbeitung haben, ist nicht Ihr Problem, sondern eine logische Konsequenz des Zuspätkommens, die die betroffenen Schüler selbst zu tragen haben.
Der große Vorteil: Nicht nur dem zu spät Kommenden wird deutlich, dass der Unterricht direkt nach dem Klingeln beginnt, sondern auch den pünktlichen Mitschülern wird klar, dass es gut war, pünktlich zu erscheinen. Denn sie haben die volle Zeit zur Verfügung und können sofort beginnen, ohne auf Nachzügler zu warten oder durch sie gestört zu werden (Tipp 40).

› Tipp 40

Wirklich das allerletzte Mal!

72

So wenig wie man „einzig“ steigern kann, gibt es ein „allerletztes“ Mal. Das letzte Mal ist das letzte Mal. Aber natürlich geht es weniger um die Sprachlogik als vielmehr um die pädagogische Wirkung einer solchen Formulierung. Wer der letzten Ermahnung noch eine „allerletzte“ folgen lässt, macht sich unglaubwürdig. Wer seine Glaubwürdigkeit noch weiter ruinieren will, droht hinterher noch ein „wirklich allerletztes Mal“ oder ein „allerallerletztes“ Mal an.

Glaubwürdigkeit riskieren

Obwohl Schüler oft Schwierigkeiten mit präziser Sprache haben, wissen sie doch, was ein letztes Mal ist. Nur haben offensichtlich manche Erwachsene, die erziehen sollen, eine andere Terminologie. In dieser wird zwar von einem letzten Mal gesprochen, gemeint ist aber in der Regel das vorvorletzte Mal, denn erfahrungsgemäß folgen immer noch mindestens zwei weitere Stufen, bevor Schluss ist (Tipp 70).

› Tipp 70

Fazit: Erwachsene meinen nicht, was sie sagen, meist bluffen sie nur (Tipp 2). Und sie glauben, Schüler würden das nicht durchschauen. Das ist falsch. Sehr schnell begreifen Schüler, dass viele Lehrer dem letzten Mal noch mindestens ein allerletztes Mal folgen lassen. Aber wer von den Schülern ernst genommen werden möchte, für den gilt: Es gibt kein allerletztes Mal! Das, was Sie sagen, meinen Sie wirklich. Schließlich sind Sie verantwortlich für die Erziehung von Kindern. Sie weichen Ihre Aussage nicht nachträglich auf, weil Sie lieber doch nicht handeln wollen (Tipp 69).

› Tipp 2

› Tipp 69

73 Anweisungen nicht wiederholen

Frohgemut begrüßt der Lehrer die Klasse und beginnt seinen Unterricht. Zuerst läuft es gut, aber nach einiger Zeit lässt die Aufmerksamkeit der Schüler nach. Selbst der Methodenwechsel kann nicht verhindern, dass ein Schüler in der letzten Reihe mit einem Tennisball herumspielt.

Klare Anweisung – keine Reaktion

Nachdem der Lehrer zuerst noch nicht reagiert, beschließt er einzugreifen: „Patrick, leg den Ball weg!" Das ist gar nicht schlecht, denn es ist eine klare Anweisung und auch der Tonfall, den man hier nicht hört, ist recht bestimmt (Tipp 7, 54). Trotzdem spielt der Schüler weiter mit dem Ball. „Los Patrick, leg endlich den Ball weg!" Der Ton ist schärfer, trotzdem keine Reaktion. „Patrick, ich hab dir gesagt, du sollst den Ball weglegen!", ruft der Lehrer, nun mit Zweifel in der Stimme. Ihm ist nicht klar, was er falsch gemacht hat. Seine Anweisung war doch klar und er hat sie mehrfach wiederholt. Warum reagiert der Schüler nicht darauf?

› Tipp 7, 54

So eigenartig es klingen mag, aber vielleicht reagiert der Schüler nicht, *gerade weil* der Lehrer die Anweisung wiederholt hat. Sie haben richtig gelesen: Die Wiederholung einer Anweisung kann dazu führen, dass deren Befolgung erschwert wird. Die logische Konsequenz: Wiederholen Sie Ihre Anweisungen nicht! Natürlich sollen Sie das Verhalten des Schülers nicht achselzuckend hinnehmen, sondern Ihren Eingriff noch verstärken. Allerdings sollten Sie dafür nicht die gleichen Worte benutzen. Warum nicht?

Wiederholung entwertet

Wenn man davon ausgeht, dass der Schüler bereits beim ersten Mal verstanden hat, was er tun soll, nämlich den Ball wegzulegen, dann bringt es wenig, den gleichen oder fast gleichen Wortlaut zu wiederholen. Die Wiederholung des Satzes: „Leg den Ball weg!" entwertet die erste Aufforderung und „löscht" sie quasi, weil sie an deren Stelle tritt.

Verstärken Sie stattdessen Ihre Aufforderung anders:

- „Mach es einfach!"
- „Du hast mich schon verstanden!"
- „Ich wiederhole mich nicht!"

Der Unterschied zwischen der fast wörtlichen Wiederholung oder einer anderen verstärkten Aufforderung ist nicht zu unterschätzen, denn bei der zweiten Variante demonstriert die Lehrkraft den Bestand ihrer Anweisung. Es muss nichts wiederholt werden, was bereits gesagt und verstanden wurde, schon gar nicht, weil ein Schüler aus Bequemlichkeit nicht darauf reagiert und sich taub stellt (Tipp 70).

Aufforderung verstärken

› Tipp 70

Achtung!

Fallen Sie nicht darauf rein, wenn clevere Schüler eine Wiederholung aus Ihnen herauskitzeln wollen, indem sie fragen: „Was haben Sie gesagt?" Sie können davon ausgehen, dass der Betreffende Sie schon beim ersten Mal ganz genau verstanden hat und es nur darauf anlegt, dass Sie für ihn und alle anderen den Papagei spielen.

Deshalb entgegnen Sie am besten ruhig: „Du hast mich genau verstanden!" Im Notfall können Sie immer noch einen Mitschüler Ihre Anweisung wiederholen lassen.

74 Störendes Verhalten verstehen

Es ist doch nicht so, dass ein Schüler sich morgens beim Zähneputzen überlegt: „Was kann ich heute tun, um meine Klasse zu stören und den Lehrer zu ärgern?"
Trotzdem wird dieser Schüler vielleicht im Laufe des Tages gegen eine Regel verstoßen und den Unterricht stören. Wer als Lehrer begreift, dass diese Störung weniger *das Ziel* eines Schülers, sondern vielmehr die Folge eines Problems ist, dem fällt es leichter, die Störungen nicht als persönliche Angriffe zu interpretieren. Keine Sorge, der Schüler wird nicht einfach entschuldigt, indem man ihn aus der Verantwortung entlässt und äußeren Einflüssen die Schuld gibt.

Kein persönlicher Angriff

Gründe erkennen

Aber Störungen haben immer Gründe. Die häufigsten sind:
- Äußere Umstände wie Vollmond oder Montagmorgen,
- Langeweile während des Unterrichts,
- persönliche Probleme zu Hause oder im Freundeskreis.

Dies zu erkennen, ist *der erste Schritt*, um professionell, d. h. ohne persönliche Betroffenheit, Konsequenzen zu ziehen.

› Tipp 69

Um die Ecke gedacht

Denken Sie an den Schiedsrichter, den Sie verkörpern (Tipp 69). Der Abwehrspieler, der den angreifenden Spieler foult, will weder den Gegenspieler verletzen noch den Schiedsrichter ärgern. Er will nur verhindern, dass die gegnerische Mannschaft ein Tor schießt. Also begeht er ein Foul, das Konsequenzen nach sich zieht. Aber das Ganze wird professionell abgewickelt, der Elfmeter wird ausgeführt, die gegnerische Mannschaft schießt ein Tor – das war's.

Ursache eingrenzen

Der zweite Schritt besteht darin, die eigentliche Ursache einzugrenzen, um sie gezielt anzugehen. Längere Berufserfahrung ist hier sicherlich hilfreich, aber wenn man weiß, wonach man suchen muss, kann man auch als Berufsanfänger z. B. den Montagmorgen oder den Vollmond als Ursache erkennen. Zu persönlichen Problemen wird der Schüler oft nichts sagen, manchmal geben aber Mitschüler einen Hinweis auf die Ursache für das eigenartige Verhalten.

Der dritte Schritt besteht darin, die Ursache zu eliminieren oder zumindest für die Schulzeit zu verdrängen. Eine Steigerung der Aktivität, Tempo und Dramatik im Unterricht können den Folgen von Vollmond und Montagmorgen entgegenwirken (Tipp 11, 21, 29, 51).

Ablenkung bieten

› Tipp 11, 21, 29, 51

Bei häuslichen oder persönlichen Problemen kann der Unterricht zur willkommenen Ablenkung werden und den Druck der Probleme zumindest zeitlich verschieben.

Wer die Ursache von Schülerstörungen nachvollziehen kann, wird einsehen: Nicht der Schüler ist das Problem, sondern sein störendes Verhalten!

Um die Ecke gedacht

Wenn sich ein Regelverstoß gegen den Lehrer richtet, fällt es schwer, sich nicht persönlich angegriffen zu fühlen (Tipp 75). Aber wenn ein Auto vor einer Einfahrt parkt, dann wird es abgeschleppt. Das ist keine Strafe, sondern eine logische Konsequenz. Und kein Polizist mit Berufserfahrung wird sich darüber so aufregen, dass er Magengeschwüre bekommt. Diese professionelle Haltung sollten Sie auch als Lehrer anstreben.

› Tipp 75

Profis empfinden nicht gemachte Hausaufgaben oder das Nichtüben für eine Arbeit nicht als persönlichen Affront. Sie wissen, es sind Kinder, die versuchen, Anstrengungen zu vermeiden, ihre Position in der Klasse auszubauen oder von Mitschülern bewundert zu werden. Das bringt Verstöße mit sich, die geahndet werden müssen. Aber danach geht's weiter.

Problemschüler bewegen

75

Manchmal ist es ganz einfach, Störungen zu reduzieren. Und zwar dann, wenn man, wie beim Judo, eine Eigendynamik nutzen kann, um Bewegungen in die gewünschte Bahn zu lenken.

Der typische Problemschüler sitzt leider nicht ruhig in der Ecke, sondern ist eher hyperaktiv und überträgt seine Aktivität auf die gesamte Klasse, indem er sich scheinbar unmotiviert bewegt (Tipp 67). Für solch einen Schüler ist es eine Qual, stillsitzen zu müssen, ohne seinem enormen Bewegungsdrang nachgeben zu können.

› Tipp 67

Sicher kann man einem solchen Schüler verbieten, sich zu bewegen, falls er andere damit stört. In bestimmten Situationen, z. B. während Klassenarbeiten, wird es auch kaum anders gehen. Allerdings lassen sich auch Situationen finden, in denen der Bewegungsdrang des Schülers ausgenutzt werden kann.

Bewegungsdrang stillen

Man muss nur erkennen, dass der Lehrer als pädagogische Führungskraft Schüler zur Erfüllung seiner Aufgaben mit heranziehen darf. Deshalb: Verschaffen Sie Problemschülern legale Bewegung! Ziehen Sie diese „Aktivkapseln" verstärkt zu Sonderaufgaben heran. Warum sollen Sie denn das Folgende immer allein machen (Tipp 34)?

› Tipp 34

- Verteilen von Arbeitsblättern oder Klassenarbeitsheften
- Aufbauen des Tageslichtprojektors oder anderer Medien
- Transport von Lexika in die Klasse und wieder zurück
- Austeilen / Einsammeln von Zeichenblöcken, Scheren
- Benachrichtigung des Hausmeisters wegen Schäden.

Um die Ecke gedacht

Der Hausmeister genießt an vielen Schulen als jemand, der handfest ist und Dinge in Ordnung bringt, erheblichen Respekt (Tipp 92). Deshalb ist es für Schüler eine Auszeichnung, zum Hausmeister zu gehen, dort das Problem zu schildern und somit indirekt mit für Abhilfe zu sorgen.

› Tipp 92

Während typische Musterschüler meistens zwei linke Hände haben, zeichnen sich Problemschüler durch handwerkliche Fähigkeiten aus, die Sie nutzen und danach entsprechend würdigen sollten. Was meinen Sie, wie bestimmte Schüler darauf ansprechen, wenn Sie fragen, wer es sich zutraut, die Gardinen wieder richtig anzubringen?

Gleich mal ausprobieren

Natürlich können Sie nicht ständig kleine Reparaturen durchführen lassen. Aber auch bei unterrichtsbezogenen Tätigkeiten geht es um mehr als das Tragen von irgendwelchen Dingen. Verschaffen Sie einem Problemschüler einmal Bewegung, indem Sie ihn damit beauftragen, den Tageslichtprojektor für die nächste Stunde zu besorgen und aufzubauen. Und machen Sie ihm deutlich, dass dies für einen reibungslosen Stundenverlauf wichtig ist. Das wertet seine Aufgabe zusätzlich auf.

76 Gelassenheit demonstrieren

Wie heißt es doch so schön? Nehmen Sie das Fehlverhalten der Schüler nicht persönlich! Na gut, das war die Theorie, nun kommt die Praxis: *Versuchen* Sie zumindest, es nicht persönlich zu nehmen. Natürlich trifft es einen engagierten Lehrer immer bis ins Mark, wenn seine Bemühungen, Ratschläge oder Anweisungen nicht befolgt werden.

Was also tun? Sie haben, wie fast immer, die Wahl: Man kann den Schülern die eigene Enttäuschung zeigen, um damit bei ihnen Betroffenheit auszulösen (Tipp 70). Dies ist ein emotional-persönlicher Ansatz, wie er z. B. von der Super Nanny vertreten wird, die aber unter deutlich anderen Bedingungen arbeitet:

› Tipp 70

Emotional-persönlicher Ansatz

- Nur ausgewählte, lösbare Fälle werden übernommen.
- Sie hat nie gleichzeitig mit etwa 25 Kindern zu tun.
- Weder muss sie Probleme in maximal 45 Minuten regeln noch nebenbei Unterrichtsstoff vermitteln.
- Nach einer Woche ist sie das Problem los.

Distanz wahren

Aus diesen Punkten wird deutlich, dass der emotional-persönliche Ansatz nicht auf Lehrer in der staatlichen Regelschule oder andere Berufe übertragbar ist.

Man stelle sich einmal vor, der Arzt an der Unfallstelle oder die Krankenschwester würden bei jedem Patienten mitleiden. Das würde sie zwar menschlicher wirken lassen, vermutlich aber Zweifel an ihrer Professionalität hervorrufen. Um es hart und unpädagogisch auszudrücken: Als Profi wahrt man immer ein gewisses Maß an Distanz.

Professionelle Gemeinschaftserziehung

Das gilt auch für die professionelle Gemeinschaftserziehung. Hier geht es darum, das Gesicht zu wahren, und zwar nicht nur das eigene, sondern auch das des Problemschülers.

Professionelles Handeln

„Professionell" – ein großes Wort. Etliche Bücher sind darüber geschrieben worden, was die Professionalität eines Lehrers ausmacht. Konzentriert man jedoch diese 200-seitigen Bücher auf ihren Kern, bleiben einige Grundprinzipien, die für jedes professionelle Handeln gelten:

- sicheres Beherrschen des „Handwerkszeugs",
- kein vorschnelles Reagieren bei Kleinigkeiten,
- aber beherztes Eingreifen bei Grenzüberschreitungen,
- zügiges, aber nicht hektisches Vorgehen,
- selbst im größten Chaos einen kühlen Kopf bewahren (Tipp 78).

› Tipp 78

Reduziert man diese Punkte noch weiter, so erhält man als Quintessenz des professionellen Handelns: beherztes Eingreifen, gekoppelt mit souveräner Gelassenheit, die für Außenstehende sichtbar wird.

Gelassenheit ausstrahlen

Trotz größter Konzentration lässt die professionelle Lehrkraft ihre Aktionen stets selbstverständlich und mühelos erscheinen. Keine Schweißperlen auf der Stirn, keine sich überschlagende Stimme (Tipp 7), keine überschäumende persönliche Betroffenheit. Voraussetzung und entscheidend für ein solches Verhalten ist allerdings: Bleiben Sie in Konfliktsituationen gelassen! Allein durch dieses Verhalten tragen Sie dazu bei, viele Konflikte zu entschärfen. Darüber hinaus wahren Sie so Ihr Gesicht als professionelle Lehrkraft, die sich nicht aus der Ruhe bringen lässt.

› Tipp 7

Sie wissen, dass Schüler stören oder anderes Fehlverhalten an den Tag legen. Auch die Tatsache, dass Schüler manchmal ausfallend bzw. beleidigend werden, kann sie nicht wirklich überraschen. Sie missbilligen ein solches Verhalten und ziehen daraus die erforderlichen Konsequenzen, aber es erschüttert nicht Ihr Weltbild.

Achtung!

Auf keinen Fall sollten Sie mit Verbitterung auf das Schülerfehlverhalten reagieren. Mögen Sie verbitterte Menschen? Niemand mag sie, selbst wenn sie recht haben. Was stört, ist die Art, wie sie die Widrigkeiten des Lebens aufnehmen. Jemand, der das gleiche Missgeschick mit Gelassenheit oder sogar mit Humor erträgt, ist deutlich sympathischer. Und nicht nur das. Man ist auch viel eher geneigt, sich seine Haltung zu eigen zu machen.

Deeskalation

Ein weiterer Vorteil der professionellen Gemeinschaftserziehung: Der Verzicht auf das Persönlich-Emotionale bietet auch dem Problemschüler die Chance, sein Gesicht zu wahren. Indem Sie auf humorvoll-lustige Weise den Vorfall herunterspielen, eröffnen Sie dem Schüler ein „Angebot" zur Deeskalation der Situation (Tipp 83).

›Tipp 83

Sie machen deutlich, dass Sie dem Schüler keine bösen Absichten im Sinne eines persönlich gemeinten Angriffs unterstellen. Das Fehlverhalten wird als Ausrutscher klassifiziert. Damit hat der Schüler theoretisch die Möglichkeit, die kleine undramatische Lösung zu wählen, bei der es nicht um Begründungen oder Rechtfertigungen geht.

Natürlich gibt es – zum Glück wenige – Schüler, die ganz bewusst die Auseinandersetzung mit dem Lehrer suchen, aber viele andere Schüler machen von dieser Variante Gebrauch, weil sie auf diese Weise den Klassenkameraden nichts beweisen müssen.

77 Standardformulierungen nutzen

Kennen Sie das? Zu Hause ärgert man sich, dass einem in der Schule die griffige Formulierung nicht eingefallen ist, mit der man schlagfertig auf das Fehlverhalten von Schülern hätte reagieren können. Nun aber ist es zu spät. Hat man diese schmerzliche Erkenntnis mehrfach durchlebt, stellt sich die Frage, ob man ewig mit solchen Situationen leben muss oder ob es einen Ausweg gibt.

Schlagfertigkeit

Natürlich kann man hoffen, in einer kritischen Situation von einem Geistesblitz getroffen zu werden, aber die Wahrscheinlichkeit ist gering. Viel häufiger kommt es vor, dass die Schüler überraschend Rechtfertigungen präsentieren, die den Lehrer verblüffen und sprachlos oder zumindest sprachlich unbeholfen dastehen lassen.

Übungssache

› Tipp 37, 41

Schlagfertige Äußerungen sind jedoch keineswegs immer das Ergebnis einer enormen geistigen Reaktionsfähigkeit, sondern oft nur Übungssache (Tipp 37, 41).

Um die Ecke gedacht

Wieder und wieder werden bestimmte lockere Formulierungen unter Schülern geübt, bis sie „sitzen", d.h. sofort abgerufen werden können. Viele Lehrer würden sich wünschen, dieses Engagement würde sich auch auf das Lernen von Vokabeln, mathematischen Formeln oder grammatischen Strukturen erstrecken. Aber die Schüler denken zweckgerichtet: Die Beherrschung von schlagfertigen Antworten ist für die Schule überlebenswichtig, sichert ein entsprechendes Renommee innerhalb der Klasse und genießt somit höchste Priorität.

Standardformulierungen

Wer also griffigen Schüleräußerungen nicht ständig wehrlos gegenüberstehen möchte, kommt um Folgendes nicht herum: Standardformulierungen entwickeln! Schon ein kleines Repertoire an launigen Sprüchen sorgt für eine merkliche Entlastung in Stress-Situationen.

› Tipp 77

Die Tatsache, dass Sie in bestimmten Situationen immer wieder die gleiche Formulierung verwenden, stellt dabei keinen Nachteil dar (Tipp 77). Die Schüler können zukünftig mit einer prompten Reaktion rechnen und wissen, wie sie aussehen wird. Diese Vorhersehbarkeit führt bereits zu einer Verringerung an unbequemen Schüleräußerungen. Denn so kreativ sind die Schüler in ihren Äußerungen nicht, dass ihnen ständig neue Repliken einfielen.

Damit Ihre Formulierungen volle Wirkung entfalten, müssen es „Killersätze" sein, d. h., sie müssen so konzipiert sein, dass sie den Sachverhalt *abschließend* regeln. Die wichtigste Regel dafür ist: Es sollten möglichst keine Fragen sein. Selbst wenn sie geistreich wären, würden sie immer eine Antwort des Schülers herausfordern und diesem damit die Chance geben, das letzte Wort zu haben.
Somit bleiben Aussagesätze. Natürlich können Sie sich nicht für jede der 187 möglichen Situationen eine passende Formulierung überlegen. Deshalb müssen die Formulierungen als „Passepartouts" so allgemein formuliert sein, dass sie in einer Vielzahl von Situationen angewendet werden können.

Gleich mal ausprobieren

Legen Sie sich für häufig wiederkehrende Störungen Standardformulierungen zurecht:

- Beim ersten Ansatz zu einem Fehlverhalten: „Denk nicht mal dran!"
- Bei aufgeregtem Verhalten: „Nimm die Finger aus der Steckdose!"
- Nach Rechtfertigungen: „Märchenstunde ist erst morgen!"

Am besten tauschen Sie sich mit Kollegen aus, mit welchen lockeren Standardformulierungen diese kritische Situationen beenden.

78 „Der hat aber angefangen!"

Ein Schüler boxt einen anderen, nimmt ihm etwas weg oder zerreißt dessen Arbeitsbogen. Auf Ihre Anweisung, das zu unterlassen, kommt der Satz, der viele Lehrer ratlos macht, weil sie nicht wissen, wie sie reagieren sollen. Er ist der Joker störender Schüler und lautet: „Der hat aber angefangen!" Diese Rechtfertigung ist nicht überprüfbar, denn der andere Schüler bestreitet das natürlich. Somit steht man vor dem Problem, sich zu entscheiden, wie man weiter vorgehen soll.

Achtung!

Bei kleineren Störungen kann man den Streit einfach ignorieren und pauschal beide Schüler zur Ordnung rufen, aber bei schweren Verstößen wird ein pauschales Abbügeln schwierig. Hier ist eine überzeugende Lösung gefragt (Tipp 63, 69).

› Tipp 63, 69

Ein Beispiel: Kunstunterricht. Plötzlich ein Aufschrei von Dennis. Er beschwert sich über Kevin: Der habe mit dem Pinsel einen großen, dicken Strich auf sein Zeichenblatt gemacht. Der Strich ist gut sichtbar. Kevin streitet die Tat auch nicht ab. Aber er behauptet, Dennis habe angefangen und deutet zum Beweis auf eine Stelle seines Blattes, wo sich ein kleiner Strich befindet. Das könnte Dennis gewesen sein, vielleicht aber auch nicht. Auf jeden Fall streitet Dennis es ab. Er behauptet, er habe Kevin aus Versehen angestoßen und dieser habe dadurch selbst den Strich gemacht.
Hier entsteht eine Situation, in der eine klare Entscheidung des Lehrers schwierig, aber erforderlich ist. Zur Lösung des Problems sind zwei Überlegungen notwendig:

Problemlösung

1. Wer jetzt als Lehrer versucht, den Ursprung des Streits zu ergründen, muss vermutlich Tage oder Wochen zurückgehen, denn eines ist sicher: Der Verstoß des einen Schülers wird immer nur als Reaktion auf einen vorangegangenen Verstoß des anderen dargestellt werden.
   Mit anderen Worten: Der Schüler, dessen Fehlverhalten man beobachtet, hat sich immer „nur gewehrt".

Keine Notwehr

2. Eine vollständige Aufklärung des Sachverhalts erscheint unmöglich. Glücklicherweise ist sie aber auch nicht nötig. Zur Lösung des Kernproblems brauche ich aber den folgenden juristischen Exkurs, um zu zeigen, wie man die Angelegenheit sauber löst.
   Das Argument des Schülers besteht darin, er habe sich *wehren* müssen. Damit zielt er auf das Motiv der „Notwehr", die es jedem erlaubt, sich gegen den Angriff eines anderen zu wehren. Niemand muss hinnehmen, von einem anderen angegriffen zu werden. Das ist zwar prinzi-

piell richtig, gilt aber nur in Situationen, in denen nicht auf andere Weise Hilfe zu bekommen ist.

Diese Einschränkung ist der Grund, warum das Argument der Schüler in der Schule nicht greift. Denn dort werden die Schüler von einer Lehrkraft beaufsichtigt, deren Hilfe bei Schwierigkeiten nicht nur in Anspruch genommen werden darf, sondern sogar in Anspruch genommen werden *muss*. Selbst wenn Dennis zuerst einen Strich auf Kevins Blatt gemacht hätte, würde das dessen Gegenreaktion nicht rechtfertigen. Vielmehr müsste er, wenn er meint, ihm geschehe ein Unrecht, sich an die Lehrkraft wenden, damit diese die Angelegenheit klärt.

Hilfe vom Lehrer

Des Weiteren gilt die Notwehr nur bei „gegenwärtigen" Angriffen, also solchen, die gerade durchgeführt werden und durch Gegenwehr noch abgewendet werden können. Aber eine *abgeschlossene* Schädigung kann nicht mehr abgewehrt werden.

Gleich mal ausprobieren

Wenn Sie sich das nächste Mal in der Schule mit dem Streit zweier Schüler konfrontiert sehen und als Begründung zu hören bekommen, man habe sich „nur gewehrt", lassen Sie sich nicht verunsichern. Sie wissen es jetzt besser: Konzentrieren Sie sich nur auf den letzten Zwischenfall, *den Sie bemerkt haben*. Denn selbst dieser ist nicht gerechtfertigt, da allein der Lehrer für die Durchsetzung von Regeln verantwortlich ist (Tipp 22): Lassen Sie keine individuellen Vergeltungsmaßnahmen der Schüler zu! Machen Sie den Schülern deutlich, dass *Sie* die einzige Instanz sind, die zu Gegenmaßnahmen berechtigt ist. Machen Sie den Schülern klar, dass ein erlittenes Unrecht (der erste Pinselstrich) niemals eine Rechtfertigung für ein weiteres, meist etwas größeres Unrecht sein kann. Denn das wäre unzulässige Selbstjustiz.

› Tipp 22

79 Provozierende Fragen ignorieren

Glücklicherweise sind viele Lehrer bereits während des Studiums mit der Kommunikationstheorie vertraut gemacht worden, sodass sie die Wirkung von Fragen kennen: Wer fragt, übernimmt die Führung. Dies sollte man sich vergegenwärtigen, wenn Schüler bei einer Konfrontation folgende Fragen an den Lehrer stellen (Tipp 39):

› Tipp 39

- „Was habe ich denn gemacht?"
- „Und was ist mit den anderen?"
- „Was haben Sie gegen mich?"

Diskussion entfachen

Dies sind keine echten, sondern rein provokative Fragen. Sie stellen nur den ersten Schritt dar, um eine Diskussion loszutreten.

Manche Lehrkräfte glauben, mit der Beantwortung dieser Fragen etwas zu klären bzw. abzuschließen. Das ist nett gemeint, aber ziemlich naiv. Der ersten Frage werden nächste und übernächste folgen. Und ehe man sichs versieht, ist man bei den beliebten Warum-Fragen angelangt. Daraus folgt eine Grundsatzdiskussion über Sinn und Zweck von Konsequenzen bei Regelverstößen, mit der sich bequem eine Unterrichtsstunde füllen lässt (Tipp 12). Man kann diese leidige Diskussion aber auch vermeiden, wenn man will: Wie? Gehen Sie nicht auf provozierende Fragen ein!

› Tipp 12

Hart bleiben

Warum Zeit opfern, um zu erklären, was eigentlich klar ist? Sie haben als pädagogische Führungskraft eine Entscheidung getroffen und müssen sich darüber hinaus nicht rechtfertigen, schon gar nicht während des Unterrichts (Tipp 80). Ignorieren Sie also am besten die Frage und wiederholen Sie Ihre Entscheidung (Tipp 73).

› Tipp 80
› Tipp 73

Clevere Schüler werden sich nicht mit einer Ablehnung zufriedengeben und mindestens einen zweiten Versuch wagen. Meist knickt etwa die Hälfte der Lehrer beim erneuten Nachfragen ein. Also müssen Sie standhaft sein, um Ihre Zugehörigkeit zur anderen Hälfte zu beweisen.

Um die Angelegenheit endgültig abzuschließen, helfen auch Standardformulierungen (Tipp 39, 77) wie:

› Tipp 39, 77

- „Das Thema ist beendet!"
- „Ich hör' doch meine Worte, warum hörst du sie nicht?"
- „Ich diskutiere das jetzt nicht!"

Damit zeigen Sie Ihren Schülern, dass Sie die Taktik der provozierenden Fragen durchschaut haben und werden immer seltener damit konfrontiert werden.

80 Erst die Maßnahmen durchsetzen

Die Diskussion über Maßnahmen des Lehrers dient in den seltensten Fällen dazu, die Beweggründe des Lehrers zu erforschen. Wenn Regeln und Konsequenzen klar definiert sind, ist dem Schüler auch klar, warum der Lehrer die Maßnahme verhängt (Tipp 22, 63). In erster Linie soll mit der Diskussion die Aufhebung der Maßnahme erreicht werden oder zumindest eine Abmilderung bzw. ein Aufschub. Wer dies als Lehrer durchschaut, für den ist klar: Zuerst die Maßnahme durchsetzen, dann eventuell diskutieren!

› Tipp 22, 63

Zeit zurückdrehen

Clevere Schüler versuchen nach einem Regelverstoß mit Sanktion gerne, die Zeit zurückzudrehen. Gerade hat der Lehrer seine Entscheidung getroffen, und nun soll diese, meist öffentlich, diskutiert werden. Der Lehrer soll seine Entscheidung rechtfertigen. Falls die Begründung den Schülern nicht einleuchtet, so ihre Annahme, muss die Maßnahme aufgehoben bzw. abgeändert werden. Damit wäre wieder der Zeitpunkt vor der Maßnahme erreicht.

Wer sich auf eine solche Diskussion einlässt, gibt den Schülern gewollt oder ungewollt das Signal, eine Aufhebung der Maßnahme sei grundsätzlich möglich. Das können Sie tun. Schließlich sind Sie über 18 und leben in einem freien Land. Aber Ihre Glaubwürdigkeit könnte darunter leiden (Tipp 9).

› Tipp 9

Durchsetzungsvermögen

Ihre einmal gefällte Entscheidung müssen Sie nicht durch die Schüler überprüfen lassen, schon gar nicht, wenn sie wohl überlegt erfolgt ist. Um dies nachdrücklich deutlich zu machen, sollten Sie unbedingt zuerst die Ausführung der

Maßnahme durchsetzen, bevor Sie auch nur die Möglichkeit eröffnen, zu einem späteren Zeitpunkt darüber zu reden (Tipp 65, 73).

› Tipp 65, 73

SOS-Tipp

Falls Sie der Meinung sind, Sie hätten vorschnell eine unüberlegte Entscheidung getroffen, spricht nichts dagegen, das Ganze noch einmal zu überdenken.

81 Filme störungsfrei vorführen

Waren das noch schöne Zeiten, als man Schüler mit einem Film begeistern konnte. Gebannt blickte die gesamte Klasse nach vorn – damit ist es endgültig vorbei. Wer heute noch glaubt, Schüler mit einem anspruchsvollen Film fesseln zu können, wird bald eines Besseren belehrt.
Allenfalls Actionfilme sind noch geeignet, die Aufmerksamkeit der Schüler auf sich zu ziehen. Alles andere wird sehr schnell in die große Schublade „langweilig" geworfen.

Arbeitsauftrag erteilen

Das wäre nicht weiter schlimm, wenn die Schüler sich während des Films ruhig verhielten. Das tun sie aber meistens nicht. Wenn man Glück hat, finden „nur" halblaute Gespräche mit dem Banknachbarn statt, wenn nicht, werden Mitschüler gestört.
Will man aus didaktischen Gründen auf das Zeigen bestimmter Filme trotzdem nicht verzichten, gibt es nur eine Möglichkeit: Kein Film ohne Arbeitsauftrag!

Detailfragen stellen

In der Regel kennen Sie als Lehrer bereits den Film, den Sie zeigen wollen. Folglich können Sie die Arbeitsaufträge so steuern, dass die Schüler vor allem in den ruhigen Phasen des Films beschäftigt sind.
Beliebt, aber wenig ergiebig (Internet) sind allgemeine Inhaltsangaben, da sie keine ständige Konzentration auf den Film erfordern. Günstiger sind Detailfragen, die zum genauen Beobachten erziehen.

Achtung!

Auf jeden Fall sollten Sie das Arbeitsblatt am Ende des Films zur Kontrolle einsammeln (Tipp 34) und nicht als Hausaufgabe aufgeben. Das würde bestimmte Schüler nur dazu verleiten, während des Films nicht aufzupassen und später die richtigen Antworten von anderen Schülern abzuschreiben.

› Tipp 34

Entschuldigung nicht erzwingen

82

Gerade noch rechtzeitig kommt die Lehrkraft, um Schlimmeres zu verhindern: Ein großer, kräftiger Schüler hat einem kleineren die Federtasche weggenommen. Als dieser sich sein Eigentum wiederholen will, geht der Größere dazu über, den Kleinen zu schubsen und zu schlagen. Aber der Lehrer unterbricht glücklicherweise die Prügelei, gibt dem Kleinen seine Federtasche zurück und sagt zum Großen: „So, jetzt entschuldigst du dich bei deinem Mitschüler und dann ist die Sache erledigt!“

Der körperlich überlegene Schüler weigert sich zunächst und argumentiert, der Kleinere habe angefangen (Tipp 78). Darauf aber lässt sich der Lehrer nicht ein, sondern stellt den Großen vor die Wahl: Entweder eine Entschuldigung oder eine Erziehungsmaßnahme. Das zeigt Wirkung. Der Schüler presst ein gequältes „Tschuldigung“ heraus und die Sache scheint erledigt.

› Tipp 78

Wertlose Entschuldigung

Am Abend jedoch, als der Kollege sich mit ein paar Freunden trifft und von dem Vorfall erzählt, gibt es heftige Proteste. Einige Freunde finden die erzwungene Entschuldigung ziemlich wertlos, andere sogar bedenklich.

Sie haben recht, denn was bringen derartige Entschuldigungen überhaupt? Abgesehen davon, dass der Schüler eine formale Vorgabe des Lehrers erfüllt, nicht sehr viel. Schließlich bittet der Schüler nicht um Entschuldigung, weil er sein Fehlverhalten einsieht (Tipp 64), sondern weil der Lehrer

› Tipp 64

leichten oder stärkeren Druck ausübt. Eine darauf folgende „Entschuldigung" ist geheuchelt, was alle Beteiligten wissen. Wer als Lehrer ein ehrliches Verhalten fördern will, sollte auf diese Farce verzichten. Deshalb der Tipp: Keine Entschuldigungen erzwingen!

Bereits Kleinkinder wissen, dass man sich für ein Fehlverhalten entschuldigen kann, *wenn man es möchte*. Das muss in der Schule nicht mehr vermittelt werden, sondern gehört sozusagen zum kulturellen Grundwissen. Somit stellt sich die Frage, welche Funktion die Aufforderung zur Entschuldigung eigentlich besitzt.

Fehlverhalten tilgen

Manchmal drängt sich der Verdacht auf, eine Entschuldigung sei ein Mechanismus, durch den das Fehlverhalten getilgt wird. Einige Schüler haben dieses Prinzip bereits internalisiert und sorgen damit für eine Inflation an Entschuldigungen: Munter begehen sie einen Verstoß nach dem anderen und fast reflexartig folgt jedes Mal das obligatorische „Tschuldigung", weil sie wissen, dass bei vielen Lehrern die Angelegenheit damit erledigt ist. Schließlich hat man sich doch entschuldigt. Was kann der Lehrer denn noch mehr verlangen?

Bezogen auf das Eingangsbeispiel hätte der Lehrer z. B. darauf achten müssen, dass der kleinere Schüler, die angebotene Entschuldigung akzeptiert, und zwar ohne Zwang.

Um die Ecke gedacht

Noch ein Beispiel: Ein Radfahrer überfährt eine ältere Dame und verletzt sie. Bevor er weiterfährt, entschuldigt er sich. Ist nun alles wieder in Ordnung?

Hier wird das Problem deutlich: Der Radfahrer kann sich nicht selbst entschuldigen. Er kann für sein Verhalten lediglich um Entschuldigung bitten. Und selbst das genügt nicht. Die Gegenseite, hier die ältere Dame, müsste die Entschuldigung annehmen. Erst dann wäre der Radfahrer vom Vorwurf befreit.

Deeskalierend vorgehen

83

Während die meisten Störungen glücklicherweise nicht direkt gegen den Lehrer gerichtet sind, gibt es leider einige, die genau dies zum Ziel haben: Der Lehrer soll herausgefordert und in einer öffentlichen Auseinandersetzung „geschlagen" werden. Einfühlsame Deutungen, bei solchen Schülern handle es sich um verunsicherte Wesen mit mangelndem Selbstbewusstsein, denen man vor allem helfen müsse, lassen sich immer dann gut vortragen, solange man diesen Schülern nicht gegenübersteht. Zudem ist dieser verständnisvolle Ansatz wenig hilfreich für die konkrete Konfrontation in der Praxis. Hier wird eine Lösung benötigt, welche die Situation schnell entschärft und den Lehrer sein Gesicht nicht verlieren lässt (Tipp 76, 84).

› Tipp 76, 84

Ausrutscher oder Konfrontation?

Die Frage, wie man ein normales Fehlverhalten eines Schülers vom Beginn einer ernsten Konfrontation unterscheidet, ist eher theoretischer Natur. Schon nach kurzer Schulpraxis spürt man instinktiv den Unterschied. Sei es, dass der Schüler auf sonst wirksame Maßnahmen nicht „anspringt", sei es, dass er mit persönlich verletzenden Bemerkungen unter die Gürtellinie schlägt oder dass er sich in einem Maße ereifert, das über die übliche Aufregung hinausgeht. Für solche Fälle sollte man Folgendes beherzigen: Streichle keinen Hund, solange er bellt! In einer emotional derart aufgeladenen Situation geht es zunächst darum, keine Fehler zu machen, d. h. die Situation nicht eskalieren zu lassen.

Da der Schüler die Konfrontation sucht, wartet er nur auf einen Fehler, um einen (vorgeschobenen) Grund zu haben, sein aggressives Verhalten zu steigern. Aber auch missverständliche Gesten (die „streichelnde Hand") können als Vorwand dienen, sich in etwas hineinzusteigern.

Auf Distanz bleiben

Will man eine Eskalation vermeiden, sollte man nicht auf den Schüler (räumlich) zugehen. Jeder Schritt des Lehrers in Richtung auf den Schüler würde als Bedrohung interpretiert, als Aufnahme des Fehdehandschuhs.

Geben Sie stattdessen eine klare Anweisung, das missbilligte Verhalten zu unterlassen (Tipp 73). Danach sollten Sie

› Tipp 73

sich umdrehen, um z. B. zur Tafel oder zum Waschbecken zu gehen. Dieses Verhalten unterbricht die Konfrontation und gibt so beiden Seiten die Möglichkeit, das Gesicht zu wahren.

Nach dem Verständnis des aggressiven Schülers hat der Lehrer die Herausforderung nicht angenommen, sondern nur seine Anweisung wiederholt. Aus Ihrer Sicht haben Sie den Streit suchenden Schüler einfach ignoriert (Tipp 79).

› Tipp 79

Achtung!

Ein Fehlverhalten, z. B. eine Beleidigung des Lehrers, muss natürlich entsprechende Konsequenzen nach sich ziehen. Aber nicht sofort, nicht in dieser aufgeladenen Situation. Hier ist das vorrangige Ziel die Deeskalation und die Rückkehr zum normalen Unterricht (Tipp 87).

› Tipp 87

84 Wenn schon, dann clever drohen

Sollte man Schülern drohen? Nein, man sollte Schülern grundsätzlich nicht drohen. Aber es gibt so hartgesottene Schüler, dass es weltfremd wäre, vor Ausnahmen die Augen zu verschließen. Manchmal weiß man sich eben nicht mehr anders zu helfen. Erfahrungsgemäß setzen viele Lehrer in solchen Fällen auch Drohungen ein – mit Erfolg.

Ausnahmefälle

Falls eine Drohung unvermeidbar ist, sollte sie geschickt sein. Ungünstig sind Äußerungen, wie z. B.: „Wenn du nicht dies oder jenes machst, dann

- benachrichtige ich deine Eltern."
- lasse ich dich nacharbeiten."
- beantrage ich eine Klassenkonferenz."

Zwar handelt es sich hierbei um klare Drohungen, aber sie haben einen gravierenden Nachteil: Sie legen den Lehrer vorschnell fest. Denn wer mit diesen Konsequenzen droht, muss sie bei einem weiteren Verstoß auch verhängen – oder er setzt seine Glaubwürdigkeit aufs Spiel (Tipp 70, 72).

› Tipp 70, 72

Deshalb: etwaige Drohungen unbestimmt halten! Eine vage Drohung eröffnet nämlich viele Möglichkeiten. Das verschafft Ihnen größere Flexibilität. Versuchen Sie es doch einmal damit: „Wenn du nicht dies oder jenes machst, dann

Vage Drohung

- greife ich in die Trickkiste."
- kriegst du erhebliche Probleme."
- gibt es eine unangenehme Überraschung für dich."

Um die Ecke gedacht

Die Konsequenzen für Fehlverhalten sollen doch für die Schüler berechenbar sein, mögen Sie jetzt einwenden, und natürlich ist Berechenbarkeit bei vagen Drohungen nicht gegeben. Richtig! Aber das ist kein Versehen, denn hier geht es nicht mehr um typische Fälle, sondern um ernsthafte Konflikte innerhalb der pädagogischen Grauzone.
In diesen Ausnahmefällen ist es sogar vorteilhaft, hartnäckig störende Schüler im Unklaren zu lassen, welche Konsequenzen ihnen drohen. Darüber entscheiden Sie am Stundenende, wenn Sie das Schülerverhalten bilanzieren.

Die Mafia-Sprache nutzen

85

Hier geht es darum, in Konfliktsituationen eine Botschaft zu vermitteln, ohne inhaltlich wirklich etwas zu sagen. Diese Technik wird auch im Mafiamilieu eingesetzt und kann immer dann zum Einsatz kommen, wenn man sich in Konfliktsituationen behaupten muss, aber eigentlich nicht weiß, was man sagen soll.

„Wortlos"

Um die Ecke gedacht

In Reinkultur kann man diese Strategie in Filmen von Martin Scorcese genießen, wie z. B. in „Goodfellas", 20. Minute. Henry und Tommy unterhalten sich, wobei Henry sich eigentlich unauffällig verhält, aber Tommy möchte seine Machtstellung demonstrieren. Dies gelingt ihm, indem er

das Gesagte wiederholt oder Banalitäten („Was ist los mit dir?") von sich gibt, aber in einem fragend-herausfordernden Tonfall. Aus allem, was Henry sagt, wird durch Tommys Betonung ein Vorwurf konstruiert.
Die Dialoge solcher Filme sollten als Geheimtipp zu jeder Lehrerausbildung gehören (Tipp 93). Wenn man sie dreimal gesehen bzw. gehört hat, weiß man, wie es geht.

› Tipp 93

Das Zauberwort heißt Respekt

Der große Vorteil dieser Technik ist, dass man selbst kaum eigene Worte zu finden braucht. Jede Äußerung des Anderen wird einfach vorwurfsvoll gewendet. Die Grundrichtung dabei ist der mangelnde Respekt, das passt immer. Als Beispiel folgender Dialog:
A: „Ich hab ihm gesagt, er soll nachher vorbeikommen."
B: „Was? Das hast *du* ihm gesagt?"
A: „Ja, ich dachte, das wär ganz gut."
B: „*Du* dachtest, das wär ganz gut? Das hast *du* gedacht?"
A: „Na ja, ich meine nur, als dein Freund ..."
B: „So was machst *du* als *mein* Freund? Du redest mit ihm? ... Und wann redest du mit *mir*? Bin ich nichts?"

Entlastung

Die Tatsache, nicht nach Worten suchen zu müssen, entlastet in Konfliktsituationen enorm. Wichtig ist ein vorwurfsvoller Ton mit einer Prise Aggressivität, die sich steigert, wenn die andere Seite nicht einlenkt. Pädagogisch natürlich höchst bedenklich, aber durchaus wirkungsvoll. Also: Probieren Sie einmal die Mafia-Technik aus!

Gleich mal ausprobieren

Das nächste Treffen mit Kollegen oder Freunden ist eine wunderbare Gelegenheit, die Technik zu üben, denn schließlich können Sie jede Situation, jede Äußerung als Ausgangspunkt wählen: „Du willst das Salz haben? Du von mir?" Wenn die anderen das Prinzip erkennen und ebenfalls so sprechen, haben Sie einen amüsanten Abend, der Sie zugleich noch auf etwaige Konfliktsituationen vorbereitet (Tipp 41).

› Tipp 41

Sich nicht zu viel vornehmen

86

Vermutlich kennen Sie den Wunsch weiser Menschen:
Die Kraft zu haben, zu ändern, was man ändern kann,
Gelassenheit, hinzunehmen, was nicht zu ändern ist,
und die Weisheit, das eine vom anderen zu unterscheiden.

Alles oder nichts

Es ist diese differenzierte Einschätzung, die vielen der – meist sehr engagierten – Lehrer fehlt. Sie können oder wollen sich nicht vorstellen, dass man Schüler nicht völlig nach den eigenen Wünschen formen kann. Wer das jedoch versucht, wird nicht nur scheitern, sondern auch an sich und seinen Fähigkeiten verzweifeln und sich dem roten Drehzahlbereich nähern, in dem Hörsturz und Burn-out-Syndrom drohen (Tipp 98).

› Tipp 98

Das typische Verhalten besteht dann leider häufig darin, gleich alle Ansprüche an die Schüler aufzugeben nach dem Motto: Wenn man nicht alles ändern kann, dann ändert man eben gar nichts.

Aber es geht auch anders: Wirken Sie auf das Verhalten Ihrer Schüler während *Ihres* Unterrichts oder der Pausenaufsicht ein (Tipp 43), aber versuchen Sie nicht, allein die Welt zu retten! Das, was Sie leisten können, ist die Einhaltung von Regeln im eigenen Bereich, in den eigenen Stunden (Tipp 22, 27, 63). Das, was die Schüler in ihrer Freizeit machen, ist vermutlich ebenfalls korrekturbedürftig, aber es ist nicht Ihr Problem. Gleiches gilt für das Verhalten der Schüler bei anderen Lehrern. Auch das ist, sofern Sie nicht Klassenlehrer sind, nicht Ihr Problem.

› Tipp 43

› Tipp 22, 27, 63

Hier bei mir!

Es ist ja ehrenwert, wenn Sie das Verhalten von Schülern auch außerhalb Ihres Unterrichts korrigieren wollen, aber Sie werden es nicht ändern, weil Ihre Einflussmöglichkeiten zu gering sind. Weder können Sie falsches Verhalten der Eltern verhindern, noch können Sie unprofessionelles Verhalten anderer Lehrer kompensieren. Sie dürfen es gerne probieren, aber die Erfahrung zeigt: Es ist nicht zu leisten. Deshalb sollten Sie Ihren Schülern deutlich machen: Es geht mir um das Verhalten hier bei mir!

Auch für Ihre Schüler ist diese Haltung entspannend, da sie ihnen zeigt, dass Sie nicht planen, ihre gesamte Persönlichkeit zu ändern. Sie lassen die Schüler sich entwickeln und bestehen „nur" darauf, dass in Ihrem Unterricht, in Ihrer Gegenwart die Regeln eingehalten werden.

Um die Ecke gedacht

› Tipp 28

Mit dem, was sich so minimalistisch anhört, erreicht man auf Dauer oft mehr als mit einem großen Anspruch, vor allem, wenn mehrere Lehrer am gleichen Strang ziehen (Tipp 28). Schon der dritte oder vierte Lehrer, der nach gleichen Prinzipien vorgeht, verstärkt die Wirkung um ein Vielfaches. Und wenn es gelingt, aus dem „Hier bei mir" ein „Hier bei uns" zu machen, wird aus der Schule ein ernst zu nehmendes Gegengewicht zu unerwünschten Tendenzen in Freizeit und Elternhaus.

87 Effektiven Unterricht anstreben

› Tipp 69

Disziplin nur als Mittel

Die Einhaltung von Regeln ist in der Schule unerlässlich, denn sie geben den Schülern Sicherheit. Aus diesem Grund müssen Verstöße gegen die Disziplin auch Konsequenzen nach sich ziehen (Tipp 69). Allerdings sollte dabei nicht das Hauptziel aus den Augen verloren werden: Effektiver Unterricht. Um ihn geht es, die Disziplin ist nur ein (wichtiges) Mittel, ihn zu ermöglichen.

Nicht jedes abweichende Schülerverhalten stellt eine disziplinarische Herausforderung dar, auf die reagiert werden muss. Es liegt im Ermessen des Lehrers, ob und wie er reagiert, denn als pädagogische Führungskraft beurteilt er die Gesamtsituation. So wie ein erfahrener Schiedsrichter bei einem kleinen Verstoß auch einmal „Vorteil" gelten lässt, um den Spielfluss nicht unnötig zu unterbrechen, kann auch der Lehrer einmal eine Bagatelle bewusst übersehen, um den Unterrichtsverlauf nicht zu unterbrechen.

Um die Ecke gedacht

Denken Sie an das Beispiel vom Angeln als Bild für die Erziehung (Tipp 53): Man muss nicht ständig die Schnur einholen, man kann auch mal etwas Leine nachgeben. Entscheidend ist jedoch, dass man letztlich den Fisch Stück für Stück weiter an sich heranholt und schließlich aus dem Wasser bekommt. Das ist das Ziel.
Also, immer bedenken: Disziplin ist ein wichtiges Mittel, aber effektiver Unterricht das Ziel.

› Tipp 53

Nicht über Kollegen lästern

88

Mit vielsagendem Lächeln kommt er ins Lehrerzimmer und geht auf die befreundeten Kollegen zu, die vor ihren Kaffeebechern sitzen. „Ihr werdet es nicht glauben", sagt er. „Der Kollege M. hat in der 3c doch tatsächlich …" Und nun folgt eine genüssliche Schilderung, aus der hervorgeht, dass der Kollege die elementarsten Grundregeln seines Berufs nicht beherrscht. Das verwundert die anderen Lehrer nicht, sie geben ebenfalls Anekdoten zum Besten, aus denen die Unfähigkeit der Lehrkraft, aber auch anderer Kollegen überdeutlich wird. Als Zuhörer gewinnt man den Eindruck, dass fast alle anderen Kollegen gravierende Fehler machen, nur nicht die Teilnehmer dieses Kreises.

Vertrauensvolle Zusammenarbeit

Aber selbst wenn dies so wäre, bestünde kein Grund, abwertend über Kollegen zu tratschen. Als Beamter ist der Lehrer zur vertrauensvollen Zusammenarbeit mit seinen Kollegen verpflichtet. Diese verbietet es, öffentlich abfällige Bemerkungen zu machen. Vielmehr ist es geboten, die Kollegen, falls man professionelle Mängel bei ihnen entdeckt, mit Rat und Tat kollegial zu unterstützen. Nicht über Kollegen tratschen!, lautet daher eine Empfehlung, die sich nicht nur aus dem Beamtenrecht ableiten lässt.

Grundkonsens

Damit die Erziehungsarbeit der Schule erfolgreich ist, bedarf es eines Grundkonsenses, der auf der Annahme beruht, jeder werde das in seiner Macht Stehende unternehmen, um die Bildungsziele zu erreichen. Sicher tragen einige Lehrer durch professionelles Verhalten mehr dazu bei als andere, die noch Schwierigkeiten haben.

Entscheidend ist jedoch, was man anderen gegenüber betont: die Unterschiede oder das gemeinsame Bestreben. Abfällige Bemerkungen über vermeintlich oder tatsächlich schwächere Kollegen reißen langsam, aber sicher Gräben auf, die irgendwann so tief sind, dass sie nicht mehr überwunden werden können.

Betriebsklima

Demzufolge ist es nicht erstaunlich, dass Schulen, die bei Schulinspektionen schlecht abschneiden, in der Regel ein schlechtes Betriebsklima aufweisen. Umgekehrt haben Schulen mit gutem Zusammenhalt im Kollegium deutlich weniger Probleme, verbindliche Regeln durchzusetzen.

Achtung!

Gerade wenn Sie zum Kreise der jungen Kollegen gehören, sollten Sie nicht vorschnell über diejenigen urteilen, die seit Jahren an Ihrer Schule sind und dort mit voller Stundenzahl unterrichten.

Seien Sie eher denjenigen gegenüber misstrauisch, die nur sehr selten oder gar noch nie vor einer Klasse gestanden haben, aber dem Lehrernachwuchs die neueste pädagogische Mode anpreisen.

Um die Ecke gedacht

› Tipp 14, 18

Abwertende Bemerkungen über Kollegen vor Schülern gibt es leider häufiger, als man denkt. Vor allem unsichere Lehrer versuchen, sich positiv abzuheben, indem sie abwertende Informationen über andere Lehrer verbreiten. Sie meinen, den Schülern damit zu zeigen, wie sehr sie ihnen vertrauen und glauben, damit auf einfache Weise bei Schülern Punkte zu sammeln (Tipp 14, 18). Aber letztlich profitieren nur die Schüler davon. Denn natürlich werden sie weiterreichen, von wem sie diese brisante Information haben, um Lehrer gegeneinander auszuspielen.

89

Schwierigkeiten mit Eltern gibt es meistens, wenn diese scheinbar „aus heiterem Himmel“ von einer belastenden Maßnahme erfahren, die gegen ihr Kind verhängt worden ist. Natürlich erfolgen disziplinarische Maßnahmen nicht aus heiterem Himmel, regelmäßig gehen ihnen andere, warnende voraus, von denen die Schüler aber aus gutem Grund zu Hause nicht berichten.

Um die Ecke gedacht

Um Sie zu beruhigen: Mehrere Gerichte haben festgestellt, dass die Eltern verpflichtet sind, sich über die Entwicklung ihres Kindes zu informieren. Sie trifft also eine Holschuld. Nur in schwerwiegenden Fällen hat die Schule eine Bringschuld und muss die Eltern unaufgefordert informieren.

Reibungsloser Ablauf

Nimmt man sich vor, Abläufe in der Schule möglichst reibungslos zu gestalten, sollten Sie folgenden Rat beherzigen: Informieren Sie die Eltern rechtzeitig! Wenn Sie diese (rechtlich nicht vorgeschriebene) Serviceleistung erbringen, müssen Sie zwar häufiger telefonieren, vermeiden dadurch aber größere, unangenehmere Auseinandersetzungen. Die frühzeitige Information der Eltern hat mehrere Vorteile:

- Die Eltern können sich nicht beklagen, sie seien nicht informiert worden.
- Häufen sich Benachrichtigungen, werden selbst lethargische Eltern aktiv und wirken auf ihre Kinder ein.
- Nach mehreren erfolglosen Benachrichtigungen ist ein schärferes Vorgehen gerechtfertigt.
- Werden schriftliche Benachrichtigungen mit „Rückschein“ versehen, erhält man eine Dokumentation der Verstöße, die jeder juristischen Überprüfung standhält.

Gleich mal ausprobieren

Um die Arbeitsbelastung gering zu halten und dennoch in den Genuss der genannten Vorteile zu kommen, brauchen

Tipp 63

Sie ein System, das Sie je nach Bedarf nur noch gering abwandeln müssen (Tipp 63). Gestalten Sie ein Anschreiben mit einer Liste von möglichen Fehlverhalten so, dass Sie die zutreffende Variante nur noch ankreuzen müssen. Darunter folgt auf einem Abschnitt eine Kenntnisnahme der Eltern, die wieder zu Ihnen zurückkommt.
Schon die Tatsache, von den Eltern eine Kenntnisnahme des Fehlverhaltens ihres Kindes zu fordern, entfaltet seine Wirkung. Die Eltern spüren, dass sie sich nun nicht mehr mit Ausreden („Wenn wir gewusst hätten ...") aus der Affäre ziehen können. Die Zettel werden den Schülern mitgegeben und das Ganze wird in der eigenen Buchführung vermerkt (Tipp 1). Das war's. Dann warten Sie nur noch auf die Rückgabe und nehmen den Zettel zu den Akten.

Tipp 1

Erfahrungsgemäß werden die meisten Eltern nach der zweiten Benachrichtigung aktiv, und es ist eine Verhaltensänderung des Schülers festzustellen.
Natürlich gibt es immer Eltern, die so bildungsfern und uninteressiert am schulischen Werdegang ihrer Kinder sind, dass die Benachrichtigungen nicht wirken. Aber das spricht nicht gegen das System.

90 Elternverhalten verstehen

Lässt man einmal die drei Prozent Querulanten und die zwölf Prozent der beratungsresistenten Eltern außer Acht, dann haben Eltern und Lehrer häufig dasselbe Ziel: Sie wollen, dass ihre Kinder, also die Schüler, in der Schule erfolgreich sind. Auch sind Eltern und Lehrer sich eigentlich darüber einig, dass man für schulischen Erfolg etwas tun muss.

Vorurteile

Bei so großen Gemeinsamkeiten erstaunt jedoch das Ausmaß an Animositäten zwischen Eltern und Lehrern. Offensichtlich gibt es eine Menge an Vorurteilen auf beiden Seiten und Kontakt wird meistens erst aufgenommen, wenn es Schwierigkeiten mit dem Schüler gibt (Tipp 89).

Tipp 89

Es ist verständlich, dass die Eltern dann zunächst versuchen, ihr Kind zu verteidigen. Ihr natürlicher Beschützerinstinkt wird oft noch dadurch verstärkt, dass die Kinder ihren Eltern natürlich nicht die ganze Wahrheit, sondern nur eine bereinigte Fassung präsentieren.

Beschützerinstinkt

In dieser hat der Schüler aus Versehen einen kleinen Fehler begangen und der böse Lehrer schlägt ohne Vorwarnung mit der großen Keule zu.

Vor diesem typischen Hintergrund erklärt sich der häufig vorwurfsvolle Ton vieler Eltern. Ihrem eigen Fleisch und Blut glauben sie, die Informationen über den Lehrer haben sie aus dritter Hand oder von ihrem Kind. Deshalb der Tipp: Nehmen Sie Elternangriffe nicht persönlich (Tipp 91)!

› Tipp 91

Gleich mal ausprobieren

Sie haben ein Gespräch mit Eltern, die sich vorwurfsvoll beklagen, wie unangemessen sie die ihrem Kind auferlegte Maßnahme finden. Denken Sie in so einem Moment daran: Sie sind der Profi im Gespräch mit den Eltern und wissen, dass deren vorwurfsvolle Eröffnung in solchen Situationen ganz normal ist. So etwas kann Sie deshalb nicht erschüttern. Überhören Sie mit freundlichem Lächeln einfach die ersten Sätze. Erst danach sollten Sie auf das gemeinsame Ziel von Schule und Elternhaus zu sprechen kommen.

BEWÄHRTE FORMULIERUNGEN 91

Der Erziehungserfolg ist umso größer, je mehr Schule und Elternhaus an einem Strang ziehen, und zwar in die gleiche Richtung. Unbestritten liegt die Ursache für das Fehlverhalten von Schülern meistens im Elternhaus. Dort wird falsch, inkonsequent oder gar nicht erzogen. Man lässt es einfach so laufen und hofft darauf, die Lehrer in der Schule würden es schon wieder richten. Das kann die Schule natürlich nicht leisten, sie braucht die Unterstützung der in der Erziehung leider oft überforderten Eltern.

Unterstützung der Eltern

Massive Vorwürfe gegen die Eltern – und seien sie auch noch so berechtigt – helfen aber nicht weiter und würden nur zur völligen Verweigerung der Eltern führen. Um Eltern in die schulische Erziehung mit einzubinden, hilft deshalb Folgendes: Verwenden Sie „geschmeidige" Formulierungen! Selbstverständlich können Sie bei Elterngesprächen improvisieren und immer neue Formulierungen kreieren, aber es geht auch leichter. Trotz aller Individualität der Schüler sind es häufig ähnliche Situationen, über die mit den Eltern zu sprechen ist. Warum also nicht auf bewährte Formulierungen zurückgreifen (Tipp 77), die – ohne die Eltern anzugreifen – genau das ausdrücken, was Lehrer wollen?

› Tipp 77

Gemeinsames Ziel betonen

Betonen Sie immer wieder das gemeinsame Ziel von Schule und Elternhaus und stellen Sie möglichst sachlich die Schwierigkeiten des betreffenden Schülers dar. Präsentieren Sie die Unterlagen, aus denen hervorgeht, wie oft der Schüler z. B. zu spät zum Unterricht gekommen ist (Tipp 1, 71). Vermeiden Sie dabei Vorwürfe oder Spekulationen, sondern stellen Sie nur fest: „Er hat Schwierigkeiten mit der Pünktlichkeit." Wird dieser Punkt akzeptiert, gilt es, die Unterstützung der Eltern einzufordern, damit die Probleme behoben werden können. Dazu eignen sich gut Formulierungen, wie z. B.:

› Tipp 1, 71

- „Sie wollen doch auch, dass das Problem möglichst bald verschwindet?"
- „Das schafft er alleine nicht."
- „Wir, die Schule, brauchen Ihre Unterstützung."
- „Setzen Sie Ihre Autorität ein, um ihm zu helfen."
- „Zusammen kriegen wir das Problem in den Griff."

Gleich mal ausprobieren

Verwenden Sie bei einem Ihrer nächsten Elterngespräche die vorgestellten Formulierungen. Sie könnten überrascht sein, wie reibungslos sich Elterngespräche plötzlich gestalten: Es gibt nicht nur weniger Stress mit den Eltern, sondern sie fangen auch an, sich um ihre Kinder zu kümmern.

Schulpersonal für sich gewinnen

92

Es gibt Schulen, in denen ein engagierter Hausmeister und eine umsichtige Sekretärin mehr zum guten Schulklima beitragen als die Schulleitung. Gerade Berufseinsteiger glauben jedoch, sie seien als akademisch ausgebildete Lehrer nicht oder nur in geringem Maße auf diese Personen angewiesen. Weit gefehlt. Zum einen stellen sie im Rahmen ihrer Tätigkeit die organisatorischen Weichen. Von ihnen hängt ab, ob etwas in die eine oder in die andere Richtung läuft. Zum anderen sind sie unverzichtbar, weil deutsche Schulen, was das Hilfspersonal betrifft, völlig unterbesetzt sind.

Zu wenig Hilfspersonal

Fazit: Hausmeister und Sekretärin haben ständig mehr Arbeit, als sie bewältigen können. Das heißt, einige Bitten um Unterstützung können sofort bearbeitet werden, andere müssen warten. Und Sie dürfen raten, wessen Bitte bevorzugt behandelt wird. Wenn Sie schnelle Hilfe bei Problemen wollen: Loben Sie das Hilfspersonal!

Es geht weniger um die weihnachtliche Flasche Wein für den Hausmeister oder die Schachtel Pralinen für die Sekretärin, sondern vielmehr um die Art, wie man mit ihnen umgeht, wie man sie begrüßt und ob man Zeit für ein kleines Schwätzchen hat. Sie sollten zeigen, dass Sie sich freuen, sie zu sehen (Tipp 14). Machen Sie es einfach wie die Hunde. Wie schaffen die es, dass man sie versorgt? Arbeiten sie hart? Ich glaube nicht. Aber kommt man nach Hause, begrüßen sie einen mit großer Freude. Das reicht aus, um eine so große Zuneigung zu entwickeln, sich um sie zu kümmern.

› Tipp 14

Die Hundetechnik

Gleich mal ausprobieren

Versuchen Sie einmal, morgen die genannten Personen freundlich zu begrüßen und zu fragen, wie es ihnen geht. Vielleicht gibt es ja sogar etwas, was die Betreffenden in der Vergangenheit für Sie gemacht haben und wofür Sie sie loben können. Natürlich hat man in der Schule immer zu wenig Zeit, weil es tausend Dinge gibt, die erledigt werden müssen, aber diese zwei Minuten, die man ab und zu mit der Sekretärin oder dem Hausmeister spricht, sind gut angelegt.

93 Lehrerfilme nicht ernst nehmen

Mitunter geht man als Berufsanfänger davon aus, durch Lehrerfilme etwas lernen zu können, aber im Laufe der Zeit wird man feststellen, dass dem nicht so ist. Zwar sind etliche problematische Situationen nachvollziehbar, aber die Lösungen sind zum Teil wenig überzeugend, manchmal sogar haarsträubend.

Nur Kintopp

Bei einem Western oder einem Krimi würde niemand annehmen, dies sei ein Abbild der Wirklichkeit. Es ist halt Kintopp. Bei Lehrerfilmen wird dies von Lehrern offensichtlich häufig anders gesehen, und darin liegt eine Gefahr.

Wer diese Filme für bare Münze nimmt und die erstaunliche Lösung von fast aussichtslosen Situationen akzeptiert, tendiert dazu, sich als Lehrer unfähig zu fühlen. Deshalb ist dieser Tipp zur psychischen Gesundheit ernst gemeint: Keine Lehrerfilme schauen! Auf jeden Fall nicht, um daraus etwas zu lernen, denn das Lösungsschema ist immer gleich: Eine Lehrkraft kommt in eine schwierige Klasse und hat zunächst erhebliche Probleme. Allerdings wird sie von den Schülern unterschätzt, schlummern in ihr doch enorme Fähigkeiten, die in einer Krisensituation zum Vorschein kommen. Die Schüler sind dermaßen verblüfft, dass sie sich bis zum Ende des Films lammfromm verhalten.

Um die Ecke gedacht

Das beschriebene Handlungsmuster findet sich z.B. in „Der Pauker" mit Heinz Rühmann, der bei seinem Wohnungsnachbarn Unterricht in Selbstverteidigung nimmt und damit einen renitenten Schüler aufs Kreuz legt; und es erreicht seinen trivialen Höhepunkt in „Dangerous Minds" mit Michelle Pfeiffer, die als kleines Mäuschen an einer Schule mit Migrationshintergrund unterrichtet und zu geeigneter Zeit den Schülern ihr großes Geheimnis verrät: Sie ist nämlich ein „Ranger". Wow! Davon sind die bösen, bösen Jungs so geplättet, dass als Folge die disziplinarischen Probleme gegen Null tendieren.

Sehen Sie Lehrerfilme als reine Unterhaltung an. Oder glauben Sie, man kann einen weißen Hai zur Explosion bringen, indem man eine Pressluftflasche in sein Maul schiebt und dann auf die Flasche schießt? Na also.

Reine Unterhaltung

Achtung!

Vorsicht auch vor Büchern für Lehrer, die von Leuten geschrieben worden sind, die seit zehn Jahren nicht mehr oder im schlimmsten Fall noch nie vor einer Klasse gestanden haben. Hier geben Leute Tipps über etwas, das sie nur vom Hörensagen kennen.
Das schließt nicht aus, solche Bücher zu kaufen und vielleicht sogar zu lesen, es ist aber bedenklich, das Gelesene eins zu eins zu übertragen. Unterhalten Sie sich stattdessen lieber mit Lehrern, die echte Praxiserfahrung haben.

Stress merklich reduzieren

94

Sie können Ihre Belastung durch das Regeln von Abläufen zwar verringern, sich aber natürlich nicht vollständig davon befreien. Bestimmte Belastungsfaktoren hängen weniger mit dem Unterricht als vielmehr mit den immer umfangreicheren Verwaltungstätigkeiten zusammen. Diese Aufgaben sind zwar unumgänglich, aber dennoch gibt es Möglichkeiten, sie so zu bewältigen, dass sie möglichst wenig Stress erzeugen (Tipp 27).

› Tipp 27

Über das Thema „Stressreduzierung“ gibt es zahlreiche gute und weniger gute Bücher, daher sollen hier nur einige Aspekte angerissen werden:

Prioritäten setzen

1. Der vielleicht wichtigste Punkt: Eins nach dem anderen! Arbeiten Sie nicht an mehreren „Baustellen“ gleichzeitig, denn jede nur angefangene Arbeit belastet Sie.
   Erstellen Sie je nach Dringlichkeit eine Prioritätenliste und arbeiten Sie dann zügig, aber ruhig einen Punkt nach dem anderen ab.

Zeitmanagement

2. Sie meinen wieder einmal, die Zeit würde nicht reichen? Nun, eigentlich kennen Sie das Problem und seine Lösung von den Schülern: Die Zeit ist immer zu knapp, doch letztlich reicht sie aus. Gibt man den Schülern zwei Stunden für eine Arbeit, dann werden sie zwei Stunden dafür brauchen, gibt man ihnen vier Stunden, dann wird die Arbeit nicht doppelt so gut, sondern die Schüler brauchen eben vier Stunden (Tipp 45, 60). Damit sind wir bei einer goldenen Regel des Zeitmanagements: Man braucht für eine Aufgabe so lange, wie man Zeit dafür hat.

› Tipp 45, 60

Gut ist gut genug

3. Viele Lehrer sind Perfektionisten, nichts erscheint ihnen gut genug, immer lässt sich noch etwas verbessern. Das stimmt, aber es muss ja nicht immer perfekt sein, denn: Gut ist gut genug. Und wenn die zur Verfügung stehende Zeit begrenzt ist, ist es sinnvoller, am nächsten Tag etwas Passables sicher zu haben, als in zwei Wochen vielleicht etwas vermeintlich Perfektes.

GUT UND ENTSPANNT SCHLAFEN

95

Der Lehrerberuf ist so anstrengend, dass man nur durchhalten kann, wenn man nachts erholsam geschlafen hat. Wer morgens nicht ausgeruht ist, ist unter Umständen so gereizt wie seine Schüler oder will nur seine Ruhe haben und bringt darum nicht die Kraft auf, dem Drängen der Schüler etwas entgegenzusetzen. Deshalb, auch wenn es banal klingen mag: Schlafen Sie gut!

Diese drei Empfehlungen können einiges dazu beitragen:

Viskoelastische Auflage

1. Die Matratze

Früher hieß es, eine Matratze solle lieber zu hart als zu weich sein. Diesem Rat folgend, schlafen heute noch viele Menschen auf eigentlich zu harten Matratzen. In Rückenlage passen sich diese dem Körper nicht völlig an und die Seitenlage ist so unbequem, dass man besser darauf verzichtet. Wie gerädert wachen die Betreffenden jeden Morgen auf und nehmen dies als unvermeidlich hin.

Während früher die Federkernmatratze das Nonplusultra war, ist der heutige Standard die Kaltschaummatratze. Aber es geht noch komfortabler: Sehr gute Hotels verwenden bereits die viskoelastische Matratze. Ursprünglich entwickelt, um den Körperdruck von Astronauten möglichst gleichmäßig aufzufangen, hat dieses Material inzwischen Verwendung für hochwertige Matratzen gefunden. Ein Blick auf die Preise schreckt viele Interessierte allerdings ab.

Achtung!

> **Eine deutlich preiswertere Alternative bietet mittlerweile eine viskoelastische *Auflage*, die einfach auf die vorhandene Matratze gelegt wird.**

2. Das Schlafhormon

Melatonin

Wieder ein Tipp aus der Grauzone, dennoch sollen Sie auch hierüber Bescheid wissen: Das geheimnisvolle Melatonin kann man in Deutschland nicht kaufen, weil es keine Langzeitstudien über die Wirkung dieses Produkts gibt. In den USA hingegen ist Melatonin problemlos zu erhalten.

Weltweit gibt es viele Menschen, die damit offensichtlich gute Erfahrungen machen. Eingenommen wird es z. B. von Flugzeugbesatzungen auf Langstreckenflügen, von Schichtarbeitern oder einfach von Menschen, die Schwierigkeiten haben, tief und entspannt zu schlafen.

Melatonin ist das natürliche Schlafhormon, das der menschliche Körper nach dem 30. Lebensjahr leider in immer geringerer Menge ausschüttet. Es ist also kein Schlafmittel im üblichen Sinne, sondern trägt dazu bei, die Schlaftiefe zu vergrößern. Man schläft nicht länger, sondern meist kürzer und tiefer und wacht morgens erfrischter auf.

Achtung!

> **Natürlich wird dem Körper mit der Einnahme von Melatonin ein Hormon künstlich zugeführt, das er nicht mehr ausreichend produziert. Ich würde nie öffentlich die Einnahme von Melatonin propagieren! Informieren Sie sich, und treffen Sie selbst Ihre Entscheidung.**

Wake-up-light

3. Der neue Wecker

Der normale Wecker klingelt zu der Zeit, auf die er eingestellt wurde. Dabei nimmt er leider keine Rücksicht darauf, ob Sie sich gerade in einer Leicht- oder Tiefschlafphase befinden. Ist Letzteres der Fall, werden Sie aus dem tiefsten Schlummer gerissen und fühlen sich dementsprechend. Um dies zu vermeiden, gibt es zwei neue Arten von Weckern:

- Die erste Variante ist etwas kompliziert. Der sogenannte Schlafphasenwecker („sleep-tracker") misst über einen Sensor am Arm, ob man sich in einer Tief- oder einer Leichtschlafphase befindet. Danach sucht er in der letzten Leichtschlafphase den optimalen Zeitpunkt zum morgendlichen Wecken, der nie nach der eingestellten Zeit, wohl aber bis zu 30 Minuten davor liegen kann.
- Die zweite Variante, der sogenannte Lichtwecker („Wake-up-light"), ist mit einer Leuchte verbunden und fängt 30 Minuten vor dem eigentlichen Klingeln an, das Umgebungslicht, ähnlich wie bei einem Sonnenaufgang, immer heller werden zu lassen. Trotz geschlossener Augen wird die Helligkeit vom Körper wahrgenommen und beendet die Tiefschlafphase, bevor dann der Wecker zum eingestellten Zeitpunkt klingelt.

Hilfsmittel, um durchzuhalten

96

Sie sind mittags nach der Schule oft so geschafft, dass Sie einen Mittagsschlaf brauchen? Dann sollten Sie zunächst einmal kein schlechtes Gewissen haben. Es gibt kaum einen Beruf, in dem die Anspannung über den gesamten Vormittag hinweg so hoch ist. Gründe dafür gibt es genug:

Hohe Anspannung

- Als Lehrer stehen Sie allein vor der Klasse,
- Sie sehen sich 20 bis 30 Schülern gegenüber,
- meistens hegen die Schüler eine Abneigung gegenüber ihrer Bildungseinrichtung,
- die Schüler warten nur darauf, dass Sie einen Fehler machen (Tipp 83).

› Tipp 83

Es gibt wenig Berufe, in denen so viele Belastungsfaktoren gleichzeitig und über einen langen Zeitraum, nämlich jeden Vormittag, auftreten. Dass diese Belastung an die Substanz geht, ist völlig normal. Der viel belächelte Mittagsschlaf dient also nur der Selbsterhaltung. Darüber hinaus gilt: Haben Sie keine Scheu vor Hilfsmitteln!

- Falls Sie eine Pause benötigen, die Zeit aber nicht für einen ausgiebigen Mittagsschlaf reicht, kann z. B. der „Löffelschlaf" helfen. Dazu setzt man sich bequem in einen Sessel oder Stuhl mit Armlehne und hält mit den Fingern einen Löffel (Gabel usw.) fest. Der Unterarm liegt auf der Armlehne, die Hand mit dem Löffel ragt über den Sessel hinaus. Jetzt können Sie sich zurücklegen und bedenkenlos entspannen. Sie riskieren nicht zu verschlafen, denn wenn Sie völlig entspannt sind, löst sich die Muskulatur der Hand, der Löffel fällt zu Boden und Sie wachen auf. Selbstverständlich ist ein richtiger Mittagsschlaf besser (Tipp 95), aber der Löffelschlaf ist besser als nichts und sorgt für eine kurze, aber tiefe Erholung.

„Löffelschlaf"

› Tipp 95

- Wenn es um das „Überleben" des anstrengenden Schultags geht, wird häufig das folgende Präparat empfohlen: „Berocca". Es enthält hochdosierte Vitamine der B-Gruppe sowie Vitamin C, Calcium, Magnesium und Zink. Diese Kombination erhöht laut Produktbeschreibung (und Meinung einiger Kollegen) die körperliche und nervliche Belastungsfähigkeit in Stress-Situationen.

Vitamine

- Manchen Menschen macht vor allem die dunkle Jahreszeit zu schaffen, weil der Mangel an Tageslicht den Spiegel des Glückshormons Serotonin sinken lässt. Abhilfe schaffen hier ausgiebige Spaziergänge an der frischen Luft, die sich aber vielleicht nicht immer so leicht realisieren lassen, wenn sich z. B. die Stapel mit Heften auf dem Schreibtisch türmen. Dann könnte die Lösung in einer Lichtdusche (mindestens 4000 Lux) bestehen (Tipp 29), wie sie schon seit Jahren in skandinavischen Ländern erfolgreich eingesetzt wird. Man kann diese Lichtdusche an trüben Wintertagen auf den Schreibtisch stellen und anschalten, während man die Arbeiten korrigiert.

Lichtdusche

› Tipp 29

Gleich mal ausprobieren

Man kann unter der Lichtdusche zusätzlich noch eine Tafel Schokolade mit hohem Kakaogehalt essen. Damit steigt Ihr Serotoninspiegel so hoch, dass Sie selbst die schwächsten Arbeiten mit Gleichmut ertragen werden.

Sich vor Infektionen schützen

97

Dass Lehrer häufig von Erkältungen betroffen sind, kann eigentlich niemanden überraschen. Zum einen schwächt die extrem hohe Belastung das Immunsystem, zum anderen sind etwa 150 zwischenmenschliche Kontakte pro Tag eine wunderbare Voraussetzung, ganz vorn zu stehen, wenn der Grippevirus sich wieder seine Opfer sucht.

Hände waschen

Am sinnvollsten wäre es natürlich, wenn (wie in Japan) alle Menschen einen vor Infektionen schützenden Mundschutz trügen. Aber das ist in unserem Kulturkreis nicht üblich. Dass man in Erkältungszeiten zu Papiertaschentüchern greifen sollte, bedarf hoffentlich keiner weiteren Erklärung. Was also kann man darüber hinaus tun? Hände waschen! Und zwar so oft es geht, auf jeden Fall aber sehr gründlich nach der Rückkehr aus der Schule. Die Lehrer, die dies regelmäßig praktizieren, bestätigen, deutlich seltener erkältet zu sein.

Um die Ecke gedacht

An dieser Stelle kommt manchmal ein Einwand gegen das Händewaschen: Viren würden durch Tröpfcheninfektion übertragen, und so häufig werde man doch nicht von Schülern angehustet oder angeniest. Das ist zwar richtig, ändert aber nichts an der Wirksamkeit des Händewaschens.

Man kann sich wunderbar infizieren, auch ohne direkt angehustet zu werden: Ein infizierter Schüler braucht nur zu husten und schon landen die Tröpfchen auf dem Tisch, den Sie berühren, ohne es überhaupt wahrzunehmen. Sei es beim Herumgehen im Klassenraum oder beim Herunterbeugen zum Schüler, dem Sie etwas erklären wollen, während Sie sich dabei auf dem Tisch aufstützen. Nun müssen Sie danach nur noch Ihr Butterbrot anfassen oder sich selbst im Gesicht berühren, z.B. wenn Sie niesen, husten oder sich den Mund abwischen. Das passiert häufiger, als man denkt, denn es sind unbewusste Handbewegungen, die das, was man mit den Händen aufgenommen hat, ins Gesicht und damit auch an den Mund bringen. Dieses Risiko kann man durch Händewaschen deutlich reduzieren.

Bettwäsche wechseln

Wenn es einen erwischt hat, sollte man außerdem, um die Heilung nicht unnötig zu verzögern, häufiger die Bettwäsche wechseln, damit man sich nicht wieder das ins Gesicht reibt, was man nachts in die Bettdecke niest oder hustet.

98 Tinnitus und Hörsturz vorbeugen

„Ich bin doch erst 35 und körperlich fit. Warum sollte ich sowas kriegen?", fragt Peter Silje seinen Kollegen Karl Rotte als dieser in der Pause die These vertritt, der Hörsturz sei eine typische Lehrerkrankheit. Einige ältere Kollegen hätten tatsächlich bereits einen erlitten, klar. Aber die seien eben auch nicht mehr auf der Höhe ihrer Leistungsfähigkeit, so Peter Silje. Ihm mache dagegen selbst die schwierigste Klasse nichts aus, mit seiner Stimme könne er sich auch im größten Lärm durchsetzen (Tipp 7). Die Unruhe in vielen Klassen empfindet er auch gar nicht als so störend.

› Tipp 7

Typische Lehrerkrankheit

Aber, wenn er zu Hause ist, stört ihn bereits das Geräusch der Dunstabzugshaube und wenn er auf dem Balkon liegt, geht er hinein, sobald Kinder draußen spielen.

Einige Wochen später: Peter Silje meint, nach der Schule manchmal ein leises Klingeln im linken Ohr zu hören, was ihn aber nicht weiter beunruhigt, denn es passiert ja nicht in der Schule, sondern danach. Außerdem verschwindet es bald darauf und alles ist wieder fast wie sonst. Nur hat er

manchmal das Gefühl, wie durch Watte zu hören, und er spürt ein Pochen im linken Ohr. Als er seinem Kollegen davon erzählt, rät ihm dieser dringend, zum Arzt zu gehen. Peter Silje lacht darüber nur.
Sie wissen, wie es weitergeht? Trotz seines jungen Alters wird Kollege Silje einen Hörsturz erleiden und für mindestens eine Woche aus dem Verkehr gezogen werden, damit er sich erholen kann. Er wird Infusionen bekommen, die ihn schnell wieder besser hören lassen, danach Tabletten, die aber auf den Magen schlagen. Dann muss er sich ernsthaft mit diesem unangenehmen Thema auseinandersetzen, von dem er glaubte, es würde ihn nicht betreffen.

Klingeln, Pfeifen, Rauschen, Knacken

Zwar ist der Zusammenhang zwischen Tinnitus (Ohrgeräuschen) und Hörsturz noch nicht völlig geklärt, aber einiges steht schon fest: Als Tinnitus bezeichnet man die – meist eingebildeten – Geräusche, die der Betreffende zu hören glaubt, und zwar Klingeln, Pfeifen, Zischen, Rauschen, Knacken oder Klopfen. Nun sollten Sie nicht gleich in Panik geraten, wenn Sie meinen, Geräusche zu hören. Wenn es fast völlig ruhig ist, passiert das fast jedem. Wohl jeder kennt aus der Kindheit den Effekt, sich eine große Muschel ans Ohr zu halten und dort ein Rauschen zu hören, nämlich das Zirkulieren des eigenen Bluts im Ohr. Falls die Geräusche jedoch häufig auftauchen, und zwar auch dann, wenn es nicht ruhig ist, sollten Sie aufmerksam werden.

Ernster Infarkt

Der Arzt wird Ihnen erklären, dass der Hörsturz ein ernst zu nehmender Infarkt ist, der normalerweise nur ein Ohr betrifft. Im Schulbetrieb wird er häufig dadurch verursacht, dass viele Schüler laut durcheinander reden und dadurch unangenehmen Lärm erzeugen. Das Ohr bzw. das Gehirn versucht, diese unterschiedlichen Informationen auseinanderzuhalten, was aber nicht gelingt und zu Überlastung und Stress führt. Dadurch kann es zu Gefäßkrämpfen kommen, die zu einer Verengung der ohnehin sehr dünnen Gefäße führen und die Durchblutung unterbrechen, und der Arzt wird den nächsten Ratschlag aussprechen: Beugen Sie dem (nächsten) Hörsturz vor!

Gleich mal ausprobieren

Da ein Infarkt durch ein Blutgerinnsel verursacht wird, kann man vorbeugend einiges tun: Hilfreich und unproblematisch ist es, viel zu trinken. Darüber hinaus kann man nach ärztlicher Absprache leicht blutverdünnende Mittel nehmen. Aber das sind nur unterstützende Maßnahmen. Das Wichtigste ist die Stress- bzw. die Lärmreduzierung, indem Sie z. B. versuchen, nicht mehr mehrere Dinge gleichzeitig zu erledigen und dafür sorgen, dass nicht mehrere Schüler gleichzeitig laut reden (Tipp 35, 49, 67, 94).

› Tipp 35, 49, 67, 94

Bleiben Sie gesund!

99

Dieses Buch wäre unvollständig, wenn es nicht auf den Aspekt der Gesundheit einginge, schließlich gehören Lehrer zu einer Berufsgruppe, die extremen Belastungen ausgesetzt wird. Das gibt der Dienstherr nicht gern zu, aber die Fakten sprechen für sich: Viele Lehrer reduzieren wegen zu hoher Belastung ihre Stundenzahl oder scheiden früher aus.

Frühpensionierung

Die Tipps in diesem Band enthalten zwar konkrete Vorschläge, damit Sie die Belastungen des Lehrerberufs möglichst unbeschadet überstehen, aber natürlich gibt es noch viel mehr Aspekte der Gesundheit, über die etliche Bücher geschrieben worden sind. Wichtig ist, dass Sie Ihren Blick nicht nur auf die „technischen" Tipps zum Überleben in der Schule richten, sondern auch auf das, was die Berufsausübung erst möglich macht: die Gesundheit.

Die Anwendung der neuesten methodischen Trends nützt Ihnen gar nichts, wenn Ihre Gesundheit angeschlagen ist und Sie sich nur noch zur Schule schleppen und danach wieder nach Hause, um für den nächsten Tag aufzutanken (Tipp 94–98). Deswegen zum Schluss der alles umfassende Supertipp: Bleiben Sie gesund!

› Tipp 94–98

Sehen Sie Ihre berufliche Tätigkeit wie einen Marathonlauf: Es kommt darauf an, ans Ziel zu kommen, d. h. die Pensionierung gesund zu erreichen. Niemandem, auch den Schü-

Gesundheit als Berufsziel

lern nicht, ist damit geholfen, wenn Sie aus gesundheitlichen Gründen vorher ausscheiden müssen. Nehmen Sie die Gesunderhaltung in die Sammlung Ihrer beruflichen Ziele mit auf. Tun Sie dafür das, was Ihnen sinnvoll erscheint.

Bei aller Hochachtung vor der Schule, der Bildung der Schüler und Ihrer Tätigkeit als pädagogisches Führungspersonal: Vergessen Sie nicht, an sich selbst zu denken!

› Tipp 46

Suchen Sie sich Kollegen, mit denen Sie über das lachen können, was man Ihnen manchmal von oben vorsetzt (Tipp 46). Einiges davon lässt sich nur mit Galgenhumor ertragen. Bilden Sie im Kollegium eine „Lachgruppe“, in der Sie hemmungslos herumblödeln und wenigstens während der Pausen „auftanken“ können.

Und vor allem: Denken Sie daran, dass es auch ein Leben neben der Schule gibt. Genießen Sie es mit Freunden und einer guten Flasche Wein zu einem leckeren Essen, bevor Sie sich am Montag wieder todesmutig in den Schulalltag stürzen.

Mit kollegialem Gruß
Günther Hoegg

(Die Verweise beziehen sich auf die jeweiligen Tipp-Nummern.)